Manuel Lankes

Mein Geld geht arbeiten

Mein Geld geht arbeiten

Vermögensaufbau. Einfach. Renditestark.

Manuel Lankes

1. Auflage 2019
Copyright © 2019 Manuel Lankes
Alle Rechte vorbehalten.

ISBN: 9781090430915

Meinen Kindern gewidmet.

Inhaltsverzeichnis

1	**Wichtige Hinweise**	9
2	**Einleitung**	11
3	**Zwei fatale Fehler**	14
3.1	Die langsame Enteignung des eigenen Vermögens	15
3.2	Fallen Sie nicht auf die Finanzpornografie herein	18
4	**Das Fundament schaffen**	24
4.1	Die eigene Bilanz erstellen	25
4.2	Die eigene Bilanz optimieren	35
4.3	Die Krisenkasse	45
4.4	Die Urlaubskasse	47
5	**Die Zinstreppe**	48
6	**An die Börse gehen**	56
6.1	Das Risikomanagement	58
6.2	ETFs	68
6.3	Ich kaufe mir einen ETF	69
6.4	Das Depot	73
6.5	Meinen Sparplan einrichten	76
7	**Was bringt mir meine Vermögensstrategie**	80
7.1	Ein Blick in die Vergangenheit	80
7.2	Die Feinde meiner Rendite	85
7.3	Die Verteilung der Anlageklassen	89
7.4	Der Umgang mit bereits Erspartem oder einmaligen Einnahmen	92
7.5	Das eigene Anlageziel	94

8	Meine Vermögenstrategie verstehen	100
9	Schlusswort	112
10	Quellen und Berechnungsgrundlagen	115
11	Der Autor	117
12	Impressum	118

1 Wichtige Hinweise

Bevor wir starten.

Der Inhalt dieses Buchs stellt die persönliche Meinung und Erfahrungen des Autors dar und dient nur dem Informationszweck. Der Autor ist kein Finanzberater und der Inhalt dieses Buchs ist nicht als solches zu verstehen. Vielmehr legt der Autor seine persönliche Strategie für einen nachhaltigen Vermögensaufbau dar und möchte damit Denkanstöße liefern, sich selbst mit einer Strategie für den Vermögensaufbau zu befassen. Sollte der Leser hierbei Ansätze des Autors übernehmen, so macht er das in eigener Verantwortung.

Alle Inhalte dieses Buchs wurden mit großer Sorgfalt erstellt und geprüft. Für die Vollständigkeit, Richtigkeit und insbesondere die Aktualität kann keine Garantie oder Gewähr übernommen werden. Der Autor übernimmt keine Verantwortung oder Haftung für Schäden, die dem Leser bei der Kopie oder Umsetzung der hier beschriebenen Anlageklassen oder -methoden entstehen können.

Dieses Buch enthält Links zu anderen Webseiten. Für den jeweiligen Inhalt ist der Betreiber der Website verantwortlich. Deshalb kann für den jeweiligen Inhalt keine Gewähr übernommen werden. Die verlinkte Seite wurde zum Zeitpunkt der Verlinkung auf mögliche Rechtsverstöße geprüft und war zum jeweiligen Zeitpunkt frei von rechtswidrigen Inhalten.

2 Einleitung

Der Weg zur eignen Vermögensstrategie

Liebe Leserin, lieber Leser, zuerst möchte ich Ihnen dafür danken, dass Sie dieses Buch gekauft haben. Zugleich möchte ich Ihnen aber auch herzlich gratulieren. Sie haben mit dem Kauf dieses Buchs einen ersten wichtigen Schritt unternommen, um sich finanzielles Wissen anzueignen und den finanziellen Vermögensaufbau selbst in die Hand zu nehmen. Damit haben Sie bereits eine Entscheidung getroffen, die eine Vielzahl Ihrer Freunde und Bekannte vermutlich nie treffen werden. Sie kümmern sich entweder gar nicht um ihren Vermögensaufbau oder geben diesen in die Hand von Banken sowie Finanzberatern. Sie vergeben damit die Chance, selbstbestimmt zu handeln. Ihnen ist das Thema zu komplex oder sie pflichten dem Thema Vermögensaufbau keine große Bedeutung zu. „Das ist nur etwas für Leute mit viel Geld" hört man sehr häufig. Dies zeugt von fehlender finanzieller Bildung. Warum sich ein solches Denken als fataler Fehler erweisen kann, möchte ich Ihnen gleich im ersten Kapitel meines Buchs erläutern.

Ziel dieses Buchs ist es, Ihnen in sehr kompakter Weise die wichtigsten Säulen meiner Finanz- und Vermögensstrategie offen zu legen und Ihnen so Denkanstöße für den eigenen Vermögensaufbau zu liefern. Während ich diese Strategie für mich entwickelt habe, musste ich feststellen, dass der Markt für Finanz- und Anlagestrategien regelrecht überschwemmt ist. Trotz dieser Vielfalt fand ich keine passende Quelle, die mich kurz und prägnant gefiltert auf den richtigen Weg brachte, ohne dass ich hunderte Seiten lesen musste, etliche Stunden mit der Internetrecherche zubrachte oder mich durch tausende Videos klicken musste. Ich möchte Ihnen zeigen, wie ich es durch sehr einfache Handlungen und Maxime geschafft habe, dass mein Geld für mich arbeitet und zwar (überwiegend) nur für mich. Das tut es auch gerade jetzt, während Sie diese Zeilen lesen.

Das Buch beschreibt Kapitel für Kapitel den von mir beschrittenen Weg und zeigt einfache Möglichkeiten der Umsetzung. Ich fokussiere mich dabei auf eine Vermögensstrategie, die theoretisch von jedem innerhalb kurzer Zeit realisiert werden kann. Wenn Sie eine Strategie für vermeintlich schnelles Geld erwarten, so muss ich Sie leider enttäuschen. Meine Strategie ist auf einen langfristigen, kontinuierlichen und nachhaltigen Vermögensaufbau ausgerichtet. Ich konzentriere mich dabei bewusst auf das aus meiner Sicht Wesentliche. Dabei verzichte ich nach

Möglichkeit auf eine komplexe mit Fachbegriffen geschmückte Finanzsprache und verwende zur Veranschaulichung möglichst einfache Zahlenbeispiele.

Da ich kein Finanzberater bin, sind meine Strategie und die hier erläuterten Schritte nicht als direkte, allgemein gültige Handlungsempfehlungen zu verstehen. Die globale Finanzwelt dreht sich zudem sehr schnell, weshalb die von mir angewandten Anlageklassen zum Zeitpunkt des Kaufs des Buchs durch andere ersetzt worden sein könnten. Die grundsätzlichen Prinzipien meiner Strategie dürften aber weiter Bestand haben. Aus diesen beiden genannten Gründen empfehle ich auch keine konkreten Finanzprodukte, sondern beschreibe die Anlagemethode nur allgemein. Dieses Buch kann eine eigene Recherche oder eine professionelle Beratung nicht ersetzen, sie aber sehr wohl ergänzen sowie den gesamten Findungsprozess deutlich verkürzen. Ich wünsche Ihnen viel Vergnügen mit dieser Lektüre und hoffe, dass Sie anschließend bereit sind, Ihren Vermögensaufbau selbst in die Hand zu nehmen und Ihr Geld endlich auch für Sie arbeiten zu lassen.

3 Zwei fatale Fehler

Warum Sparer ihr Geld verbrennen

3.1 Die langsame Enteignung des eigenen Vermögens

Der Verlust der Kaufkraft

Viele Sparer verzichten immer noch auf die Möglichkeit, finanziell unabhängig zu werden. Sie beschäftigen sich gar nicht mit Ihrem Vermögensaufbau und legen ihr erspartes Geld „unters Kopfkissen". So kommt es, dass Abermillionen Euro deutscher Sparer auf dem Girokonto oder auf einem Tagesgeld dahinsiechen. Der Leitzins der europäischen Zentralbank liegt zurzeit bei 0% und daraus resultierend sind die Zinsen für Tagesgeld auf ähnlichem Niveau. Wer sein Geld auf dem Girokonto parkt, muss (je nach Summe) sogar mit einem negativen Guthabenzins rechnen. Während man selbst tagtäglich arbeitet, darf das eigene Geld faul auf dem Konto liegen und nichts tun.

Obwohl das ersparte Guthaben auf dem Konto vermeintlich konstant bleibt, so erfolgt doch eine heimliche Enteignung, die sich Inflation nennt. Die europäische Zentralbank strebt eine Inflationsrate im Euroraum von ca. 2% an, was vereinfacht bedeutet, dass die Kaufkraft eines Euros jedes Jahr um 2% abnehmen soll. Aus diesem Grund wird auch von der Teuerungsrate gesprochen. Auf die Hintergründe, die Herleitung und auf die Sinnhaftigkeit einer solchen

Inflationsrate möchte ich an dieser Stelle nicht eingehen. Fakt ist jedoch, dass die Inflationsrate seit 2017 wieder deutlich angezogen hat und zuletzt nahe der 2%-Marke lag. Was dies für Ihr Erspartes bedeutet, möchte ich an einem einfachen Zahlenbeispiel erläutern:

Nehmen wir an, Sie besitzen auf Ihrem Girokonto 10.000 Euro, welche nicht verzinst werden. Bei einer Inflationsrate beziehungsweise Teuerungsrate von 2% haben Sie nach einem Jahr zwar noch immer 10.000 Euro auf Ihrem Konto, ihr Vermögen hat aber nur noch eine Kaufkraft von 9.800 Euro. Das heißt, dass Sie nach einem Jahr für Ihre 10.000 Euro nur noch Waren im Gesamtwert von 9.800 Euro bekommen würden. Oder anders ausgesprochen, ein Produkt, zum Beispiel ein PKW, welcher vorher 10.000 Euro gekostet hat, würde jetzt nach einem Jahr 10.200 Euro kosten. Sie haben also in einem Jahr Kaufkraft in Höhe von 200 Euro verloren.

Gehen wir nun davon aus, dass Sie Ihr Geld für fünf Jahre auf diesem nicht verzinsten Girokonto belassen und die Inflationsrate bleibt vereinfacht konstant bei 2%. Dies würde bedeuten, dass innerhalb von fünf Jahren die Kaufkraft Ihres Vermögens um ca. 10% abnimmt, sie haben also praktisch 10% ihres Vermögens verloren, ohne nur einen Cent aktiv auszugeben. Als nächstes nehmen wir nun an, dass Sie anstatt des Girokontos ein verzinstes Tagesgeldkonto

16   Mein Geld geht arbeiten

nehmen und – zurzeit unrealistische – 1% Zinsen auf Ihr Tagesgeld bekommen. Die Inflationsrate bleibt weiter konstant. Nach einem Jahr würden Sie sich über einen Kontostand von 10.100 Euro freuen. Ihre Rendite, also der Gewinn, beträgt 100 Euro oder eben 1%. Mit dem Blick auf die vorherigen Absätze wissen Sie aber jetzt, dass dies nur die eine Seite der Medaille ist. In Wahrheit haben Sie aus Sicht der tatsächlichen Kaufkraft immer noch 100 Euro verloren, also ein Prozent Ihres Vermögens. In diesem Zusammenhang spricht man auch von der inflationsbereinigten Rendite und diese liegt hier nicht bei +1% sondern bei -1%.

Maxime: Ich darf nie vergessen, dass die Inflation mein Vermögen kontinuierlich schmälert.

Zusammengefasst heißt dies, dass Sie in unserem Beispiel eine dauerhafte Rendite von 2% benötigen, nur um den Wert Ihres Gelds zu erhalten. Wohlgemerkt wir sprechen hier dann noch nicht von Vermögensaufbau.

3.2 Fallen Sie nicht auf die Finanzpornografie herein

Warum Sie Ihren Vermögensaufbau selbst in die Hand nehmen sollten

Die im vorherigen Abschnitt beschriebene Problematik ist inzwischen auch vielen Sparern bewusst geworden. Zugleich ist die Begrifflichkeit des „für mich arbeitenden Geldes" populär geworden, welche zugegeben ein wenig populistisch klingt. Seit Beginn der Finanzkrise 2008 sind die Zinsen für Tages- und Festgeld kontinuierlich gesunken und viele suchen nach Alternativen. Dabei wenden sie sich direkt an Ihren Bankberater, Versicherungsmakler oder rennen dubiosen Finanzberatern in die Arme.

Letztere bieten einem vermeintlich sichere Produkte ohne Risiko und mit sehr hohen Renditeerwartungen an. Oftmals sind es Unternehmensbeteiligungen, Investitionen in geschlossene Immobilienfonds oder Crowdfunding-Projekte. Nicht immer müssen die versprochenen Renditen gelogen sein, allerdings sind diese Investments in der Regel alles andere als risikoarm. Es droht mitunter sogar der Totalverlust. Grundsätzlich gilt die Regel: Je höher die versprochene Rendite, desto höher ist das Risiko. Diese

Produkte sind etwas für Risikokapital und nichts für einen langfristigen Vermögensaufbau. Deshalb befasse ich mich hier nicht weiter damit.

Maxime: Rendite kommt von Risiko. Eine hohe Rendite ohne hohes Risiko gibt es nicht.

Auch die Versicherungsbranche leidet unter den sinkenden Zinsen. So ist der Garantiezins inzwischen bei unter einem Prozent. Viele Versicherungen schnüren aus diesem Grund neue Produkte, die klassische Versicherungsprodukte mit Finanzmarktprodukten kombinieren und so die Rendite steigern sollen. Dies ist insbesondere bei den Kapitallebensversicherungen weit verbreitet. Sie versprechen zum einen die Garantieleistung im Versicherungsfall. Zum anderen eine Rente oder eine Auszahlung am Ende der Laufzeit, sollte der Versicherungsfall nicht eintreten. Diese Produkte widersprechen aber aus meiner Sicht dem Sinn einer Versicherung. Eine Versicherung, die Sicherheit und Garantien beinhalten soll, wird nun mit einem Produkt aus der Finanzindustrie kombiniert, welches sehr starken Schwankungen unterliegen kann.

Hinzu kommen hohe Kosten für die Verwaltung der Versicherung. So kann es passieren, dass am Ende der Laufzeit deutlich weniger Rente oder Kapital ausgezahlt wird, als anfänglich vorgerechnet. Ich wähle daher zum Beispiel

lieber anstatt einer Kapitallebensversicherung eine normalen Risikolebensversicherung und verfolge für den Vermögensaufbau eine andere, meine Strategie.

Bleibt vermeintlich nur noch der Weg zum Bankberater.
Zum Glück sind die Richtlinien, unter denen eine Finanzbe-
ratung stattfinden darf, seit Beginn der Finanzkrise strikter
geworden. Dies bedeutet jedoch nicht, dass immer eine
Beratung im Interesse des Kunden erfolgt. Vielmehr hat
der Berater oft die Absicht, die Produkte seines Finanzin-
stituts zu verkaufen und insbesondere jene, die ihm eine
hohe Provision versprechen. Sparern und Kleinanlegern,
die auf der Suche nach höheren Renditen sind, werden in
der Regel aktiv gemanagte Aktienfonds oder Mischfonds
angeboten, die an der Börse gehandelt werden. Bei Aktienfonds wird in eine Zusammenstellung zahlreicher Unternehmensaktien investiert und bei Mischfonds sogar in
mehrere Anlageklassen gleichzeitig.

Der Ansatz des Beraters an der Börse zu investieren, ist
grundsätzlich die richtige Entscheidung und macht auch einen zentralen Bestandteil meiner Strategie aus. Jedoch
passen diese klassischen Bankprodukte nicht in meine Strategie. Das liegt nicht daran, dass die angebotenen Finanzprodukte pauschal schlecht sein müssen, viele werfen sogar gute Renditen ab. Jedoch sind sie oft mit hohen laufenden Kosten verbunden. So sind Gebühren pro Fondskauf,

auch Ausgabenaufschlag oder Agio genannt, in Höhe von bis zu 6% üblich. Diese treffen einen regelmäßigen Sparer wie mich natürlich hart, bedeuten Sie doch, dass ich erst einmal Geld verliere. Hinzu kommen die jährlich anfallenden Verwaltungs- bzw. Managementgebühren. Diese bewegen sich bei Aktienfonds oft zwischen 1% bis 3% bezogen auf das Anlagekapital. Diese laufenden Gebühren werden auch in der Gesamtkostenquote der Total Expense Ratio (TER) mit abgebildet. Diese spielt im späteren Verlauf noch eine wichtige Rolle (vgl. Kapitel 6.3).

Im schlimmsten Fall kommt zu diesen Gebühren noch eine Performancegebühr, die im Falle einer besonders guten Kursentwicklung oder bei der Erreichung bestimmter Kennzahlen fällig wird. All diese Kosten wirken sich natürlich direkt negativ auf die erzielte Rendite aus. So passiert es schnell, dass der Fond selbst eigentlich eine passable Rendite abwerfen würde, die Kosten diese aber wieder auffressen. Natürlich fallen diese Kosten auch an, wenn der Fond es nicht schafft ein Jahr mit positiver Rendite abzuschließen. Mein Geld arbeitet also nicht für mich, sondern für die Bank.

Maxime: Ich lasse mein Geld nicht für einen Versicherungs- oder Bankberater arbeiten. Es arbeitet für mich.

Ein weiteres Problem aktiv gemanagter Fonds ist, dass die Zusammensetzung von Fondsmanagern bestimmt wird, die das Ziel verfolgen, überdurchschnittliche Renditen zu erzielen. Leider zeigt die Geschichte, dass dies immer nur für einen begrenzten Zeitraum möglich war. Vielfach waren Aktienfonds oder Mischfonds, die zuvor (auch mehrfach) besser als der Gesamtmarkt performten, in den Folgejahren zum Teil deutlich schlechter als dieser. Leider erwartet der Kleinanleger oft, dass wenn er einen Fond mit guten historischen Renditen vorgestellt bekommt, selbige auch in Zukunft erwarten kann. Die Zukunft kann aber keiner vorhersagen, sonst wäre ich schon lange reich. Die Banken bieten daher vielfach mehrere unterschiedliche Fonds an. Für den Bankberater kann es dann ein Leichtes sein, dem Kunden genau einen passenden Fond zu präsentieren, der in der aktuellen Marktsituation eine positive Vergangenheit hatte. Außerdem wird natürlich gerne die Rendite vor Abzug der Kosten und ohne Berücksichtigung von Steuern oder der Inflation präsentiert.

Maxime: Ich schließe im Finanzmarkt nie aus der Vergangenheit auf die Zukunft. Ich lasse mich nicht von guten Renditen in der Vergangenheit blenden.

Ich habe auf meiner Odyssee mehrere dieser Angebote erhalten, kritisch geprüft und bin schlussendlich zu der Entscheidung gekommen, dass ich einen eigenen, selbstbestimmten Weg gehen möchte. Genau diesen Weg möchte ich Ihnen in den nächsten Kapiteln Schritt für Schritt vorstellen. An der jeweiligen passenden Stelle erläutere ich auch noch einmal detaillierter, was die Wahl eines klassischen Finanzprodukts für meine Vermögensentwicklung bedeutet hätte.

4 Das Fundament schaffen

Die Basis für jeden Vermögensaufbau

4.1 Die eigene Bilanz erstellen

Den eigenen Geldfluss bestimmen

Wie bei einem Haus ist das Fundament für die Errichtung eines soliden Vermögens essenziell. Was verstehe ich darunter? Zunächst einmal die Bestandsaufnahme der eigenen finanziellen Situation. Dabei ist für mich der monatliche Geldfluss, englisch Cashflow genannt, entscheidend. Ich sehe Ihn dabei wortwörtlich als Fluss an. Je „breiter" der Geldfluss ist, desto größer ist die beinhaltete Geldsumme und damit umso mächtiger und einflussreicher ist er für meine Vermögensentwicklung, ganz wie bei einem großen Fluss. Ich möchte diesen Geldfluss bildlich darstellen und habe mir dafür eine Bilanz aufgestellt. Diese enthält folgende Kategorien:

Einnahmen – der Einkommensfluss

Hierzu zählen in der ersten Linie das eigene Gehalt, aber auch Rentenzahlungen, Einnahmen aus Mieten oder auch Zinseinnahmen sowie Dividenden. Vereinfacht alles, was als positive Einnahmen auf dem Konto verbucht wird. Für die Bilanzierung meines Geldflusses habe ich Zahlungen, die nicht monatlich erfolgen, wie zum Beispiel Zinszahlungen, gleichmäßig auf 12 Monate verteilt. Erste er-

Das Fundament schaffen 25

schreckende Erkenntnis: Außer dem Gehalt, kommt wenig herein. Für meine graphische Darstellung bedeute dies folgendes:

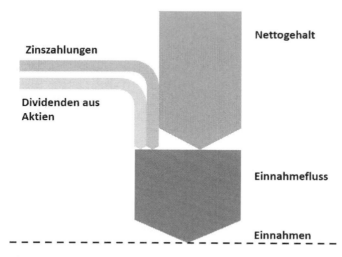

Abbildung 1: Der Einnahmefluss

Die Darstellung ist natürlich nur beispielhaft, zeigt aber sehr schön einen typischen Einnahmefluss eines normalen Arbeitnehmers. Das eigene Nettogehalt macht nahezu den gesamten Einnahmefluss aus.

Ausgaben – Der Ausgabenfluss

Hierzu zählen alle Dinge, die von meinem Konto abgebucht werden. Die Kosten für die Wohnung, mein Lebensunterhalt und die Kosten für Mobilität, aber auch Kosten für Versicherungen und Kredite. Es sammeln sich deutlich mehr

Positionen an, als auf der Einnahmenseite. Hier ist es besonders wichtig, ehrlich mit sich zu sein, dass heißt wirklich alle Kosten aufzunehmen. Gewisse Positionen fallen auch nicht monatlich an, sondern quartalsweise, halbjährlich oder sogar nur jährlich. Dabei handelt es sich besonders häufig um Versicherungen oder Mitgliedsbeiträge. Auch diese sollte man auf monatliche Ausgaben herunterbrechen, um die tatsächliche monatliche Belastung des Geldflusses zu kennen.

Einige Ausgaben lassen sich nicht so einfach beziffern, wie die monatliche Miete oder die jährliche Rechnung der KFZ Versicherung. Bei allen schwankenden Ausgaben, wie zum Beispiel Ausgaben für Lebensmittel oder Mobilitätskosten, hilft nur die Dokumentation und Auswertung dieser für einen gewissen Zeitraum. Der Zeitraum sollte mindestens drei Monate betragen. Dabei reicht es zunächst, Ausgaben nach Kategorien, wie zum Beispiel Lebensmittel oder Mobilität zusammenzufassen. Ist eine Kategorie jedoch auffällig, so lohnt es sich, für einen Zeitraum von mindestens zwei Wochen tatsächlich alle angefallenen Ausgaben Position für Position zu analysieren.

Da ich überwiegend elektronische Zahlungsmittel wie Online-Überweisungen oder EC-Karte nutze, konnte ich mir die Kontoauszüge meines Online-Girokontos als Excel-Datei herunterladen und sehr einfach auswerten. Manche

Banken bieten diese Auswertung bereits als Service zu ihren Girokonten an. Wer überwiegend Bargeld verwendet, wird um das händische Führen eines Haushaltsbuches nicht herumkommen. Auch wenn diese Arbeit sehr mühselig ist, so hat sie mir doch sehr schnell die Augen geöffnet. Sehr viel mehr Geld wurde für Konsum ausgegeben als zunächst angenommen. Hier bringt jeder Euro, der eingespart werden kann und investiert wird einen deutlich schneller zum Ziel. Warum dies so ist, erläutere ich später (vgl. Kapitel 7.5). Mit Hilfe der Auswertungen habe ich dann Budgets für jeden Bereich wie Lebensmittel, Mobilität etc. festgelegt, die dann in meine monatliche Ausgabenbilanz eingehen. Diese Budgets beinhalten dabei immer einen gewissen Sicherheitsfaktor, der kleinere Mehrausgaben auffangen kann. Wird dieser Puffer in einem Monat nicht benötigt, so wird er später auch gespart und investiert und nicht für zusätzliche neue Kleidung oder auswärts essen gehen verbraucht. Ich stelle dies wieder als graphischen Geldfluss dar:

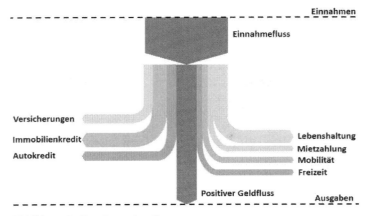

Abbildung 2: Der Ausgabenfluss

Auch hier sind nur einige Ausgaben zur Veranschaulichung dargestellt. Jede Ausgabe zweigt einen Teil meines Einnahmeflusses ab, dies sind die einzelnen Ausgabenflüsse. Das Geld, was nach Abzug aller Ausgaben übrigbleibt, nenne ich „positiver Geldfluss". Mit diesem Geld kann ich arbeiten, beziehungsweise dieses Geld kann ich theoretisch für mich arbeiten lassen. Je breiter und damit stärker der positive Geldfluss ist, desto mehr Potential habe ich für den Vermögensaufbau. Nun habe ich meine monatlichen Einnahmen und Ausgaben aufgeschlüsselt. Dies reicht jedoch nicht aus. Viele vergessen zwei entscheidende Kategorien für die eigene Bilanz:

Vermögenswerte – Der positive passive Geldfluss

Zu den Vermögenswerten zählt alles, was uns ein passives Einkommen generiert, uns also einen positiven Geldfluss auf unserer Einnahmeseite beschert, ohne, dass wir hierfür aktiv etwas tun müssen. Hierzu zählen zum Beispiel Aktieninvestments, die uns eine regelmäßige Dividende bringen, eine vermietete Immobilie mit monatlichen Mieteinnahmen sowie festverzinsliche Papiere, wie Anleihen oder Festgeldkonten. Auch das eigene Tagesgeldkonto zählt dazu, auch wenn dieser Geldfluss verschwindend gering sein dürfte. Wenn Sie eine eigene Website betreiben und hier zum Beispiel durch Werbung Einnahmen generieren, dann ist auch diese Website ein Vermögenswert. Damit zählt auch geistiges Eigentum, wie dieses Buch zu den Vermögenswerten, da es mir durch Ihren Kauf ein passives Einkommen beschert. Sie sehen, es gibt eine Vielzahl von unterschiedlichsten Vermögenswerten.

Maxime: Ein Vermögenswert erzeugt einen positiven passiven Geldfluss, er generiert Geld.

Zu Recht werden Sie sagen, dass es sehr wohl Arbeit erfordert, eine Immobilie zu verwalten oder ein Buch zu schreiben. Natürlich haben Sie recht. Die Verwaltung einer Immobilie kann man jedoch auch vollständig in die Hand eines Verwalters geben, wodurch sich der eigene Aufwand in Grenzen hält. Und für mein Buch musste ich nur einmal Zeit für die Recherche sowie das Schreiben investieren und durch das Lesen meines Buches wissen Sie, wie ich mir an der Börse Vermögenswerte kaufe und Sie können ähnliche Schritte wagen. Wie stellt sich dies in meinem Diagramm dar?

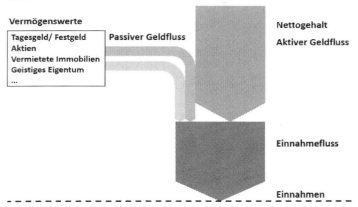

Abbildung 3: Die Vermögenswerte

Die Vermögenswerte sind neu auf der Einnahmenseite hinzugekommen. Der Einnahmefluss wird also aus zwei positiven Geldflüssen gespeist, dem positiven aktiven Geldfluss und dem positiven passiven Geldfluss. Im Gegensatz zur normalen Arbeit, wo ich tagtäglich meine Zeit und Freiheit gegen Geld eintausche, muss ich bei einem Vermögenswert oft nur einmalig investieren und werde durch einen dauerhaften passiven Geldfluss belohnt. Dieser fließt dabei völlig unabhängig davon, ob ich arbeite, schlafe oder in der

Hängematte liege. Je mehr Vermögenswerte ich mir kaufe, desto größer kann mein passives Einkommen werden. Im Idealfall erreiche ich den Zustand, dass ich keinen positiven aktiven Geldfluss mehr benötige und trotzdem finanziell frei bin. Ich arbeite also nicht mehr, sondern nur noch mein Geld.

Um mit dem Aufbau der Vermögenswerte zu beginnen, lohnt sich meiner Meinung nach ein Investment an der Börse am ehesten, da es auf lange Sicht gesehen sehr profitabel ist, wenig Einarbeitung und kaum kontinuierliche Pflege verlangt. Außerdem benötigt es keinerlei Startkapital und kann auch bereits mit kleinsten monatlichen Beträgen begonnen werden. Mit dem daraus gewonnen Kapital kann man dann im Anschluss andere, größere Vermögenswerte, wie zum Beispiel Immobilien erwerben und so den positiven passiven Geldfluss nach und nach ausbauen.

Verbindlichkeiten – Der negative passive Geldfluss

Verbindlichkeiten sind das genaue Gegenteil von Vermögenswerten. Sie kosten mich jeden Monat Geld. Sie tauchen als regelmäßige negative Buchung auf meiner Ausgabenseite auf. Zu diesen Verbindlichkeiten zählen insbesondere Schulden, dabei ist es unabhängig ob es Hypotheken, Kreditkarten- oder sonstige Schulden sind. Auch zähle ich klassische Versicherungen, wie die Haftpflichtversicherung oder die Risikolebensversicherung zu den Verbindlichkeiten. Weitere typische Verbindlichkeiten sind alle Arten von Konsumverträgen mit festen Laufzeiten, wie zum Beispiel Mobilfunkverträge, Leasingverträge, Internetverträge und ähnliches. Eine weitere Verbindlichkeit ist die eigengenutzte Immobilie. Nicht weil Sie oft finanziert ist, sondern weil sie auch nach abgeschlossener Finanzierung jeden Monat Kosten verursacht. Ich möchte eine selbstgenutzte Immobilie nicht verteufeln, aber solange man diese selbst bewohnt muss man wissen, dass sie eine Verbindlichkeit und nicht, wie es auch die Banken sehen, ein Vermögenswert ist.

Maxime: Verbindlichkeiten erzeugen einen negativen passiven Geldfluss, sie verbrennen Geld.

Entsprechend der Vermögenswerte bilde ich meine Verbindlichkeiten auch im Geldflussdiagramm ab:

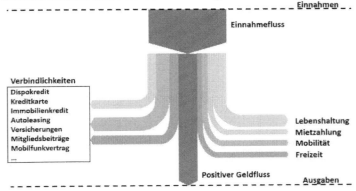

Abbildung 4: Die Verbindlichkeiten

Das Fundament schaffen 33

Natürlich sind die hier aufgeführten Verbindlichkeiten auch nur Beispiele. Bei Werten, die keine fixe Verbindlichkeitssumme haben, wie es bei dem Immobilienkredit der Fall ist, wird die Verbindlichkeit hochgerechnet. Bei Versicherungen nehme ich die Beiträge multipliziert mit der Restlaufzeit. Selbiges kann ich auch mit Mitgliedsbeiträgen oder Mobilfunkverträgen machen. Ich nehme den Monatsbeitrag und multipliziere ihn mit der Restvertragslaufzeit. Dies entspricht der verbleibenden Verbindlichkeit. Habe ich zum Beispiel einen Mobilfunkvertrag über 24 Monate abgeschlossen und zahle für diesen monatlich 50 Euro, so ist die Summe der Verbindlichkeit 24 x 50 Euro, also 1.200 Euro. Monatlich sinkt meine Verbindlichkeit um 50 Euro. Mein Vertrag ist also vergleichbar mit anderen Schulden, die ich abbezahle.

Nun stellt sich vielleicht die Frage, warum die Miete meiner Wohnung keine Verbindlichkeit darstellt. Ich habe für mich als Faustregel definiert, dass alles, was ich innerhalb von drei Monaten ablösen oder kündigen kann, keine Verbindlichkeit für mich darstellt. Dies gilt damit auch für alle Beiträge und Versicherungen, die keine Mindestvertragslaufzeit haben.

Maxime: Kann ich etwas nicht innerhalb von drei Monaten ablösen oder kündigen, so ist es eine Verbindlichkeit.

4.2 Die eigene Bilanz optimieren

Den eigenen Geldfluss optimieren

Nachdem ich meine Bilanz vervollständigt hatte, ist mir schnell bewusst geworden, dass ich viele Verbindlichkeiten, aber kaum Vermögenswerte habe. Von meinen Einnahmen bleibt nach Abzug der Ausgaben deutlich weniger übrig als erwartet, da ich die unregelmäßigen Ausgaben für Versicherungen etc. in meiner bisherigen monatlichen Betrachtung nicht berücksichtigt hatte. Mein erstes Ziel war es daher, meine Ausgaben und Verbindlichkeiten zu reduzieren, um mehr Geld für mein Investment zu haben. Meine täglichen Ausgaben verbrauchen einen großen Teil meiner Einnahmen. Dank der Dokumentation meines Ausgabeverhaltens wusste ich genau, in welchen Bereichen das meiste Geld versickert. In meinem Fall waren dies unter anderem Ausgaben für externes Essen. So hatte ich mir angewöhnt allmorgendlich meinen Kaffee und mein Brötchen beim Bäcker zu kaufen sowie das Mittagessen in der Firmenkantine einzunehmen. Durchschnittlich waren dies 4,50 Euro am Morgen und mittags weitere 3,50 Euro, also 8,00 Euro jeden Arbeitstag. Bei ungefähr 220 Arbeitstagen im Jahr kommt man so auf 1.760 Euro. Eine stolze Summe. Selbstgemachtes Essen ist deutlich günstiger. Jetzt möchte ich natürlich selbst nicht immer nur die aufgewärmten

Reste vom Vorabend essen und ich schaffe es auch nicht immer, mir morgens meinen Kaffee und ein Frühstück zu machen. Aber ich schaue sehr viel genauer auf diese vermeintlich kleinen Ausgaben und gönne sie mir seltener, aber auch viel bewusster und mit mehr Genuss. Ich halte zum Beispiel auch nichts davon, bei Lebensmitteln jeden Cent umzudrehen und nur billig einzukaufen. Gute Lebensmittel kosten einfach Geld und ich möchte mich gesund ernähren. Auch vom Studium der Supermarktprospekte halte ich nichts. Man lässt sich viel zu schnell verleiten, mehr zu kaufen als man benötigt, weil es ja angeblich so günstig ist. Schaffe ich es meinen Konsum einzuschränken, so wirkt sich dies auf meinen positiven Geldfluss aus. Er wird breiter:

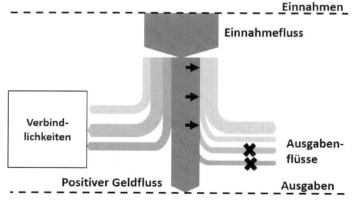

Abbildung 5: Ausgabenreduktion

Ich gehe als nächstes an meine großen Kostentreiber heran, meine Verbindlichkeiten. In diesem Zusammenhang kann man auch gleich schon seine Ausgaben für einige Verbindlichkeiten durch einen einfachen Trick reduzieren. Viele Versicherung bieten Ihren Kunden die Möglichkeit, ihre Rechnung jährlich zu zahlen und dies ist oft günstiger als die monatliche Zahlweise. Ich zahle daher meine Verpflichtungen soweit möglich und wenn es günstiger ist jährlich. Damit ich am Ende des Jahres nicht von den Forderungen erschlagen werde, habe ich die fällige Gesamtsumme durch 12 Monate geteilt und lege diese Summe monatlich zurück. Hierfür nutze ich ein klassisches Tagesgeldkonto, auf dem nur diese Sparbeträge eingehen. Das Konto ist kostenlos und bringt mir im Idealfall noch Zinsen. So behalte ich die Übersicht und gehe nicht aus Versehen an meine Rücklage für die Beitragszahlungen. Am Ende des Jahres oder am entsprechenden Stichtag zahle ich mir dann die notwendige Summe auf mein Girokonto ein und begleiche damit meine Rechnungen.

Maxime: Ich zahle, wenn immer es günstiger ist, meine Versicherungsbeiträge jährlich. Stattdessen spare ich monatlich den notwendigen Betrag auf ein separates Konto.

Wenn wir schon beim Thema Versicherungen sind, stellt sich oft die Frage, welche Versicherung sinnvoll ist und welche man nicht wirklich benötigt. Hier gilt für mich die

Devise weniger ist mehr. Auch kann es sein, dass eine bestehende sinnvolle Versicherung, wie zum Beispiel die Privathaftpflichtversicherung, deutlich teurer ist als bei einem anderen Anbieter oder weniger Leistungen enthält. Da ich auf dem Gebiet der Versicherungen kein Experte bin, habe ich mich hier von einem zertifizierten Honorarberater beraten lassen. Dieser verlangt zwar eine Gebühr für seine Beratung, zeigt mir aber unabhängig, welche Versicherungen von welchem Anbieter auf meine persönliche Situation zugeschnitten und sinnvoll sind. Bei einzelnen Versicherungen kann auch die Verbraucherzentrale helfen.

Maxime: Ein zertifizierter Honorarberater berät mich unabhängig zum Thema Versicherungen. Da er keine Provision, sondern ein Honorar bekommt, arbeitet er tatsächlich in meinem Interesse.

Nachdem ich meine Versicherungen und deren Zahlweise optimiert hatte, habe ich mich mit meinen Schulden beschäftigt. Dies können Studienschulden in Form von Bildungskrediten sowie eine laufende Finanzierung für meinen PKW sein. Viele Eigenheimbesitzer dürften hier noch die Schulden aus dem Immobilienkredit dazurechnen. Ziel muss es sein, sich möglichst schnell von seinen Schulden zu trennen. Dies ist natürlich einfacher gesagt als getan. Bei der schrittweisen Reduzierung bin ich daher nach folgendem Prinzip vorgegangen:

Zunächst habe ich alle Schulden aufgelistet und diese nach Höhe, Laufzeit, effektivem Jahreszins und monatlicher Belastung sortiert. Die Tabelle 1 zeigt ein fiktives Beispiel:

Verbindlichkeiten aus Krediten	Verbleibende Kreditsumme	Verbleibende Laufzeit	Effektiver Jahreszins	Monatliche Kosten
Dispokredit Girokonto	1.000 Euro	-	6,96%	5,80 Euro
Autofinanzierung	8.000 Euro	5 Jahre	2,99%	144,00 Euro
Studienkredit	10.000 Euro	5 Jahre	0,99%	120,00 Euro
Immobilienkredit	100.000 Euro	15 Jahre	2,99%	416,00 Euro

Tabelle 1: Aufstellung meiner Verbindlichkeiten aus Krediten

Oberstes Ziel ist hierbei für mich, die Schulden mit dem höchsten effektiven Jahreszins zuerst zu tilgen und nicht die Position mit der höchsten monatlichen Belastung. Wenn ich den Kredit vorzeitig zurückzahlen kann, so spare ich mir die Zinsen auf meine Kreditsumme. Der effektive Jahreszins ist in diesem Fall also meine Rendite. Im konkreten Beispiel würde das bedeuten, dass es mir mehr bringt, meinen Dispokredit in Höhe von 1.000 Euro zu begleichen, als 1.000 Euro für 1% Zinsen auf meinem Tagesgeld zu lassen oder diese 1.000 Euro als Sondertilgung in eine der anderen Positionen zu stecken.

Maxime: Schuldenreduzierung steht für mich an oberster Stelle. Meine Rendite entspricht der Kreditverzinsung. Zudem verbessere ich meinen Geldfluss.

Als zweites würde sich ganz klar der Kredit für die Autofinanzierung anbieten. Im konkreten Beispiel würde ich also den Kredit sofort ablösen oder wenn dies nicht möglich ist, solange Geld auf meinem Tagesgeldkonto ansparen, bis ich den verbleibenden Betrag in einer Summe abzahlen kann. Dies ist gesetzlich immer möglich und kostet nur eine geringe Gebühr, die sich Vorfälligkeitsentschädigung nennt. Hiermit habe ich nicht nur eine Verbindlichkeit weniger in meiner Bilanz, sondern gleichzeitig 144,00 Euro freigemacht, die ich nutzen kann, um meine anderen Schulden schneller abzuzahlen oder in Vermögenswerte zu investieren. In meiner Bilanz würde dies wie folgt aussehen können:

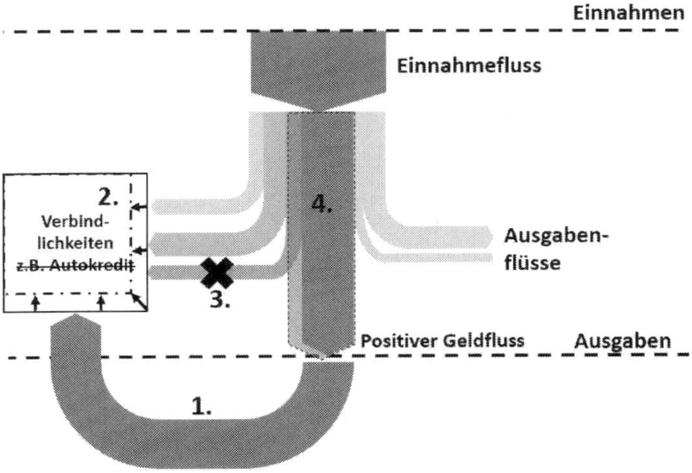

Einnahmen

Einnahmefluss

2.
Verbind-
lichkeiten
z.B. Autokredit

4.

Ausgaben-
flüsse

3.

Positiver Geldfluss   Ausgaben

1.

Abbildung 6: Optimierung der eigenen Bilanz

Ich nutze meinen positiven Geldfluss (1), um Verbindlichkeiten zu tilgen, wodurch das Quadrat der Verbindlichkeiten schrumpft (2). Nach vollständiger Eliminierung der Verbindlichkeit entfällt mein Ausgabefluss für diese Verbindlichkeit (3). Hierdurch wächst mein positiver Geldfluss an
(4). Bei Immobilienkrediten sollte man wenn möglich das
Sondertilgungsrecht ausnutzen. Oft liegt dieses bei 5% der
Kreditsumme jährlich. Im genannten Beispiel würde ich
also weiter auf mein Tagesgeldkonto sparen (natürlich die
bereits eingesparten 144,00 Euro monatlich zusätzlich)
und die so angesparte Summe jährlich als Sondertilgung in
meine Finanzierung einbringen. Dies bringt eine ordentli-
che Rendite. Wie hoch diese ist, hängt von Ihrem

Das Fundament schaffen   41

Immobilienkredit ab und muss individuell berechnet werden. Aber der Aufwand lohnt in der Regel immer. Selbst wenn Sie keine Sondertilgungen vornehmen dürfen, so können Sie versuchen, einen bestehenden Kredit umzuschulden und dadurch die Verbindlichkeiten zu reduzieren. Dies geht entweder zum Ende der Sollzinsbindung oder wenn seit der Zinsbindung zehn Jahre vergangen sind. Wenden Sie sich hierzu an einen Experten für Baufinanzierungen. Berücksichtigen Sie bei Neuabschluss auch das Recht auf Sondertilgung. Der effektive Jahreszins für solche Kredite ist oft nur minimal höher.

Nach diesen Maßnahmen hat sich die Liste der Verbindlichkeiten aus Kreditschulden im Beispiel deutlich verbessert:

Verbindlichkeiten aus Krediten	Verbleibende Kreditsumme	Verbleibende Laufzeit	Effektiver Jahreszins	Monatliche Kosten
Studienkredit	10.000 Euro	5 Jahre	0,99%	120,00 Euro
Immobilienkredit	100.000 Euro	15 Jahre	1,99%	332,00 Euro

Tabelle 2: Reduzierung meiner Verbindlichkeiten

Nicht nur, dass weniger Positionen vorhanden sind, ich habe auch monatlich einen größeren positiven Geldfluss, das heißt deutlich mehr Geld zur Verfügung. Im konkreten Beispiel 233 Euro.

Die große Kunst für einen selbst besteht nun darin, dieses Geld nicht zu verkonsumieren, sondern zu investieren beziehungsweise für den weiteren Schuldenabbau zu nutzen.

Rückblickend auf das erste Kapitel fällt auf, dass der effektive Jahreszins meiner Verbindlichkeiten jetzt niedriger bzw. nahezu gleich der angenommenen Inflationsrate von 2% ist. Der Studienkredit wird jetzt losgelöst von der Rückzahlung im Bezug auf seine tatsächliche Kaufkraft immer kleiner und zwar ca. 1% pro Jahr. Die Inflation „reduziert" also meine reale Schuldlast. Hiervon darf man sich aber nicht täuschen lassen. Der Kredit bleibt eine Verbindlichkeit, die meine Bilanz verschlechtert und mich monatlich 120,00 Euro kostet. Hier gilt der bekannte Leitsatz: „Cash is king!" Es zählt der tatsächliche monatliche Geldfluss, nicht ein theoretisches Konstrukt. Daher räume ich Schritt für Schritt meine Verbindlichkeiten beiseite.

Selbiges gilt auch für alle laufenden Konsumverträge. Ich habe mich von allen unnötigen Verträgen getrennt. Grundsätzlich kündige ich alle Konsumverträge mit Laufzeit kurzfristig wieder. Neukunden bekommen fast immer die besseren Konditionen und ich möchte nicht Gefahr laufen, in eine ungewollte und teure Vertragsverlängerung hinein zu laufen. Kosten für notwendige Verträge reduziere ich. So möchte ich zum Beispiel keinen Mobilfunkvertrag, der mich 24 Monate an einen Anbieter bindet, wenn es bereits

Verträge gibt, die mir die Möglichkeit geben innerhalb eines Monats den Vertrag zu kündigen.

So kann ich mir immer die besten Angebote auf dem Markt heraussuchen. Meine Spalte der Verbindlichkeiten bleibt klein, denn ein Vertrag, den ich kurzfristig wieder ablösen kann, ist für mich keine Verbindlichkeit. Nachdem ich es geschafft hatte, meine Ausgaben und Verbindlichkeiten merklich zu reduzieren, wurde mein positiver Geldfluss deutlich größer. Das heißt, es ist mehr Geld für das eigentliche Investment da.

An dieser Stelle gehe ich kurz darauf ein, warum ich zu keinem Zeitpunkt eigene Zahlen nenne und recht abstrakt bleibe. Hierfür gibt es mehrere Gründe. Zum einen ist dies zunächst einmal eine private Angelegenheit. Dies spielt aber nur eine untergeordnete Rolle. Es würde niemanden helfen, wenn ich außer anschaulichen Beispielen weitere Zahlen nennen würde. Die Ausgangsbasis und damit die Bilanz sowie die enthaltenden Geldflüsse sind für jeden anders. Ich besitze zum Beispiel keine selbstgenutzte oder finanzierte Immobilie, habe daher nicht diese Verbindlichkeiten. Auch weichen meine Einnahmen oder Ausgaben völlig von jemanden ab, der Rentner/ -in oder stolze Mutter bzw. Vater von vier Kindern ist.

4.3 Die Krisenkasse

Mein doppelter Boden in schlechten Zeiten

Wer kennt es nicht, das Auto muss plötzlich in die Werkstatt, eine unerwartete Steuernachzahlung kommt ins Haus und wie es der Zufall will geht auch noch die Waschmaschine kaputt. Dies alles sind Ausgaben, die nicht alltäglich sind und in keiner Weise von meinem geplanten Budget abgedeckt werden können. Ähnliches kann auch auf der Einnahmenseite passieren. Plötzlich fällt ein wichtiges Einkommen weg, da der langjährige Arbeitgeber unerwartet Insolvenz anmeldet. Menschen, die nur in befristeten Verträgen beschäftigt sind, sind ständig in der Gefahr, dass Sie für einige Zeit ohne ein festes Einkommen auskommen müssen.

Hierfür benötige ich eine Krisenkasse, die genau für solche Fälle gedacht ist: Unerwartete aber notwendige Mehrausgaben oder der Wegfall einer Einnahme für eine bestimmte Zeit. Bei mir ist die Krisenkasse ein klassisches Tagesgeldkonto, auf dem immer ein fester Betrag liegt. Hierbei kann man sich entweder am Einkommen orientieren, wobei oft von der Regel drei Nettogehälter vorzuhalten zu hören ist. Oder man kann die Krisenkasse darüber definieren, dass sie alle wichtigen Ausgabenflüsse für einen festen

Zeitraum abdecken kann. Bei mir deckt die Krisenkasse meine normalen Ausgaben für sechs volle Monate ab. Das heißt, selbst wenn ich sechs Monate lang keine Einnahmen habe, kann ich meine alltäglichen Ausgaben weiter decken und habe so Zeit, wieder auf die Beine zu kommen. Je nach Lebens- und Ausgabenlage ist dies eine große Summe Geld. Hier muss jeder selbst entscheiden, wie viele Monate er sich absichern will oder vielleicht auch muss. Da ich mich hierbei an meinen Ausgaben orientiere, reduziert jede Optimierung meiner Ausgaben und der Verbindlichkeiten die notwendige Geldsumme, die in dieser Kasse liegen muss. Wohlgemerkt, in diese Krisenkasse spare ich nur für Krisenzeiten oder Sonderausgaben und nicht für meinen Urlaub oder für Konsumartikel.

Maxime: Ich fülle zuerst meine Krisenkasse, danach tilge ich Schulden und zuletzt investiere ich.

Ein Hinweis noch an Immobilienbesitzer: Für die Instandhaltung des Eigentums sollte man monatlich entsprechende zusätzliche Rücklagen bilden. Sonst übersteigen plötzlich anfallende Reparaturen die eigene Krisenkasse schneller als man denkt. Als Eigentümer einer Eigentumsgemeinschaft ist man hierzu sogar verpflichtet. Entsprechende Richtwerte für die Rücklage findet man im Internet und bei Gesellschaften wie Haus und Grund. Unterschätzen Sie diese Rücklage und deren Wichtigkeit nicht.

4.4 Die Urlaubskasse

Das Geld für alle schönen Dinge

Kommen wir nun langsam zum vergnüglichen Teil meiner Strategie. Neben der Krisenkasse habe ich natürlich auch eine Urlaubskasse. Denn jeder Mensch soll sich auch etwas gönnen können und ein richtiger Urlaub ist doch etwas anderes, als nur Zuhause zu bleiben. Aber auch größere Anschaffungen, wie der neue Fernseher oder eine neue Couch zahle ich hieraus. Man muss ja auch leben. Daher spare ich monatlich einen kleinen Teil meines positiven Geldflusses in diese Kasse, ebenfalls ein normales Tagesgeldkonto. Ein nicht unerheblicher Teil kommt aber aus den Überhängen am Ende eines Monats. Gelingt es mir am Ende eines Monats mein Budget für eine Ausgabenkategorie nicht zu verbrauchen, so zahle ich diesen Überhang in meine Urlaubskasse. Dies motiviert mich zusätzlich, die monatlichen Ausgaben gering zu halten.

Maxime: Die Urlaubskasse ist zum Leben da. Ich nutze dieses Geld entsprechend.

Nachdem ich so meine Basis, das Fundament gelegt habe, kann ich nun anfangen zu investieren und ein Vermögen aufzubauen.

5 Die Zinstreppe

Schritt für Schritt sein Vermögen sicher vermehren

Die sichersten Formen der Geldanlage sind immer noch Tagesgeldkonten sowie Festgelder, die der gesetzlichen Einlagensicherung unterliegen. Diese liegt zum Zeitpunkt der Herausgabe dieses Buchs bei 100.000 Euro pro Bank und pro Kunde. Sicherheit ist auch in meiner Strategie eine wichtige Komponente, weshalb ich einen Teil meines Gelds „risikolos" anlege. „Risikolos" steht dabei bewusst in Anführungszeichen, da es immer ein Restrisiko gibt. Denn die Einlagensicherung hilft mir im Falle einer Bankenpleite nur, wenn der Staat auch fähig ist, allen Sparern die zugesicherten 100.000 Euro auszuzahlen. Zwar ist dies im Falle der Bundesrepublik Deutschland als hoch-liquider Staat mit ausgezeichneter Wirtschaftsleistung unwahrscheinlich, aber eben doch möglich.

Neben den Tages- und Festgeldern gibt es noch festverzinsliche Wertpapiere, auch als Anleihen bezeichnet. Obwohl diese auch festverzinslich sind, heißt dies nicht, dass sie auch ohne Risiko sind. Bei Unternehmensanleihen

48 Mein Geld geht arbeiten

besteht immer die Gefahr, dass das Unternehmen plötzlich vor der Insolvenz steht. Bei dieser Art von Anleihen greift die gesetzliche Einlagensicherung nicht.

Als sicher gelten Staatsanleihen von hoch-liquiden Staaten, wie beispielsweise Bundesanleihen. Zudem Rentenfonds, welche eine Vielzahl von Anleihen bündeln, wenn diese auf hoch-liquide Staaten und Unternehmen setzen. Die Besonderheit bei Fonds und ETFs ist, dass diese als Sondervermögen gelten und der investierte Geldbetrag selbst bei der Insolvenz des Anbieters gesichert ist. Damit bin ich hier nicht auf die Einlagensicherung angewiesen. Da diese Anleihen aber zurzeit kaum Rendite abwerfen sowie Fonds und ETFs auch noch Gebühren verlangen und zudem bei steigenden Zinsen Verluste machen können, sind sie für mich aktuell keine Option.

In meiner Strategie konzentriere ich mich daher für den „risikofreien" Teil meiner Anlage auf Tages- und Festgelder. Drei Tagesgeldkonten habe ich ja bereits, für das monatliche Ansparen meiner Jahresausgaben, für die Krisenkasse und für die Urlaubskasse. Nun kommt ein viertes zum Sparen hinzu. Natürlich würde auch ein Tagesgeldkonto reichen, aber schon wegen der Übersicht, wo wie viel gespart wurde, habe ich mehrere Konten. Tagesgeldkonten kosten zudem keinen Cent und da diese bei unterschiedlichen Banken sind, profitiere ich jeweils von der Einlagensicherung. Bei der Auswahl der Tagesgeldkonten achte ich dabei auf folgende Punkte:

1. **Der gültige Zinssatz für Bestandskunden.** Viele Banken locken Neukunden mit vermeintlich guten Zinsen an. Diese sind aber nur für einen kurzen Zeitraum garantiert und zum Teil an weitere Bedingungen geknüpft. Wer die maximale Rendite herausholen möchte, der wählt eines dieser Angebote und wechselt nach Ablauf der Zinsbindung zu einem anderen Anbieter, um wieder vom Neukundenbonus zu profitieren. In Zeiten von Niedrigzinsen spare ich mir den Aufwand und vergleiche den Zinssatz für Bestandskunden.

2. **Standort der Bank.** Die deutsche Einlagensicherung gilt nur für Banken mit deutschem Hauptsitz. Andere Länder haben eigene Regeln bei der Einlagensicherung. Oft ist diese vergleichbar mit der deutschen Einlagensicherung. Wie beschrieben, muss aber der jeweilige Staat im Falle einer Bankenpleite für die Eigenlagensicherung aufkommen. Für mich kommen daher Konten in EU-Ausland nur in Frage, wenn die dahinterstehenden Länder eine sehr gute Bonität vorweisen. Informationen zur Einlagensicherung jedes Landes bekomme ich im Internet.

3. **Die Häufigkeit der Zinszahlung.** Je häufiger eine Bank mir meine Zinsen auszahlt, desto mehr profitiere ich vom Zinseszinseffekt. Dieser spielt eine wichtige Rolle in meiner Strategie, weshalb ich später noch einmal genauer darauf eingehe (vgl. Kapitel 7.5)

4. **Die Art der Kontoverwaltung.** Ich nutze nur Banken, die Online-Banking anbieten, worüber ich alles verwalten kann.

5. **Höhe der Einlage.** Manche Banken fordern eine Mindesteinlage, andere Begrenzen die Summe pro Kunde nach oben. Ich möchte möglichst uneingeschränkt sein.

Bei der Suche nutze ich vorzugsweise das Internet, da hier meist die besten Angebote zu finden sind. Dabei nutze ich auch sogenannte Vermittlungs- oder Zinsportale, von denen es inzwischen mehrere gibt. Da hier aber oft ausländische Banken präsent sind, achte ich hier besonders auf das zweite Auswahlkriterium. Bei ausländischen Banken kann es auch sein, dass Steuern nicht automatisch abgeführt werden und Freistellungsaufträge nicht berücksichtigt werden. Dies schreckt mich aber nicht ab, da es für mich oder einen Steuerberater nur einen minimalen Mehraufwand bedeutet. Ich habe einfach die Möglichkeit, die zu viel gezahlten Kapitalertragssteuern in meiner Steuererklärung wieder zurückzufordern.

Wenn ich das für mich optimale Tagesgeldkonto gefunden habe, beginne ich mit dem Sparen. Hierfür nehme ich meinen verbliebenen positiven Geldfluss und überweise per Dauerauftrag monatlich den von mir festgelegten prozentualen Anteil auf das Tagesgeldkonto. Wie hoch dieser Anteil ist, hängt von meinen persönlichen Gegebenheiten und meinem Risikomanagement ab. Auf die Verteilung gehe ich explizierter später ein (vgl. Kapitel 7.3). Nachdem ich auf diesem Tagesgeldkonto eine vorher definierte Summe erreicht habe, schichte ich den gesamten Betrag in Festgeldkonten um. Die Summe richtet sich dabei insbesondere nach meiner Sparleistung und sollte durch diese innerhalb von einem Jahr bis maximal zwei Jahren erreicht werden.

Da mir bewusst ist, dass viele Menschen besser mit Beispielen umgehen können, nutze ich im Folgenden ein Zahlenbeispiel. In diesem Fall sollen es 5.000 Euro sein und ich muss monatlich 420 Euro ansparen, wenn ich die Summe nach einem Jahr zusammen haben möchte.

Die Auswahl der Festgeldkonten orientiert sich dabei nach den gleichen Kriterien wie die Wahl der Tagesgeldkonten. Der eigentliche Clou ist jetzt die 5.000 Euro aus unserem Beispiel nicht auf ein Festgeldkonto zu legen, sondern auf insgesamt fünf Festgeldkonten mit den Laufzeiten 1-5 Jahre.

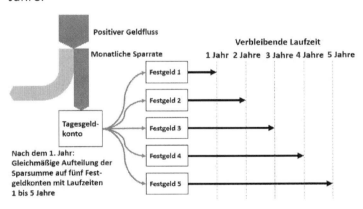

Abbildung 7: Die Zinstreppe im ersten Jahr

Warum mache ich das? Ganz einfach, je länger die Laufzeit eines Festgeldes ist, desto höher ist der Zins. Da ich aber nicht vorhersagen kann, wie sich die Zinsen entwickeln, kann es mir passieren, dass sich während der Laufzeit eines

5 Jahres Festgelds die Zinsen spürbar erhöhen. Ich würde also auf Rendite verzichten. Da aber bereits nach einem Jahr die ersten 1.000 Euro plus Zinsen aus dem Festgeld 1 fällig werden, habe ich jetzt die Möglichkeit diese wieder für den dann besten verfügbaren Zinssatz für weitere fünf Jahre anzulegen. Zusätzlich lege ich auch die auf dem Tagesgeld erneut angesparten 5.000 Euro an. So profitiere ich jedes Jahr vom bestmöglichen Zinssatz.

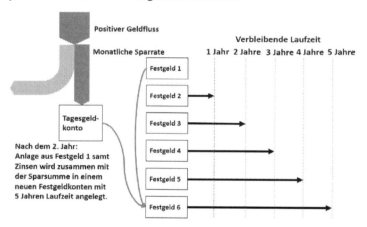

Abbildung 8: Die Zinstreppe nach dem zweiten Jahr

Im aktuellen Zinsumfeld von Anfang 2019, wo die Zinsen für Festgeld mit der Laufzeit von einem bis fünf Jahren nahezu identisch sind, kann ich auch wie folgt vorgehen: Ich nehme die 5.000 Euro, die ich nach einem Jahr angespart habe und lege diese für ein Jahr fest an. Nach einem Jahr lege ich diese samt Zinsen für zwei Jahre fest an und nehme die erneut angesparten 5.000 Euro aus dem Tagesgeldkonto für ein neues Festgeld mit Laufzeit von einem Jahr. Dieses Spiel wiederhole Jahr für Jahr. Nach fünf Jahren habe ich fünf Festgelder mit unterschiedlichen Laufzeiten und jeweils dem besten verfügbaren Zinssatz.

Maxime: Bei der Zinstreppe nutze ich Festgelder mit unterschiedlicher Laufzeit. So erhalte ich jährlich die besten Zinssätze.

Der tatsächliche Aufbau der eigenen Zinstreppe hängt von meinen persönlichen Zielen und dem geplanten Anlagezeitraum ab. Selbiges Modell kann man natürlich auch mit halbjährlich fälligen Festgeldern machen. Die längste Laufzeit wären dann 2,5 Jahre. Denn der entscheidende Nachteil bei einem Festgeld ist, dass man während der Laufzeit kein Zugriff auf sein Kapital hat. Mit kürzeren Laufzeiten bleibe ich flexibler, bekomme aber auch nur geringe Zinssätze. Solange ich aber noch Schulden haben sollte, verzichte ich natürlich auf die Zinstreppe und nutze das gesparte Geld zum Schuldenabbau. Die richtigen Stichwörter hier lauten wieder Reduzierung der Verbindlichkeiten und Geldflussoptimierung (vgl. Kapitel 4.2).

6 An die Börse gehen

Gekonnt investieren

Wenn Sie das vorherige Kapitel gelesen haben und die Zinstreppe für sich selbst einmal durchgespielt haben, werden Sie bei der aktuellen Zinslage keine Freudensprünge machen. Wer als Sparer mehr Rendite haben will, der muss an die Börse gehen. An der Börse können zahlreiche unterschiedliche Anlageklassen gehandelt werden. Unter einer Anlageklasse oder englisch Asset versteht man unterschiedliche Gruppierungen von einzelnen ähnlichen Anlagen. Beispielsweise bilden Unternehmensaktien eine Anlageklasse oder auch Immobilien sind eine eigene Klasse. Viele deutsche Sparer trauen sich nach wie vor den Schritt Geld an der Börse anzulegen nicht zu. Die häufigsten Aussagen von Bekannten sind:

1. „Anlegen an der Börse ist wie Glücksspiel und nur etwas für Zocker."
2. „Das Risiko ist mir viel zu hoch."
3. „Geld anlegen an der Börse ist nur was für Wohlhabende."
4. „Mir ist das Anlegen zu kompliziert."

5. „Es profitieren eh nur die Reichen und die Banken."
6. „Die Kurse sind wieder abgestürzt. Da kann ich doch nur verlieren."

Gerne will ich diese Aussagen revidieren und zeigen, warum nahezu jeder an die Börse gehen sollte. Fangen wir gleich mit der ersten Aussage an und diese stimmt sogar. Zumindest, wenn man blind irgendwelche Aktien, Fonds oder ähnliches kauft, nur weil man beispielsweise selbst ein Produkt des Unternehmens nutzt oder etwas in der Presse gehört hat. In diesem Fall kommt mein Investment tatsächlich einer Wette gleich. Meine Strategie ist kein Glücksspiel, sondern ein kalkuliertes Investment.

Maxime: Ich zocke nicht an der Börse.

Wie gehe ich also vor? Damit kommen wir gleich zur zweiten Aussage und diese ist pauschal ausgesprochen Schwachsinn, aber dennoch von sehr hoher Bedeutung.

6.1 Das Risikomanagement

Wieviel Verlust darf es sein?

Ich erinnere an den Satz „Rendite kommt von Risiko" und dieser trifft unweigerlich bei einem Investment an der Börse zu. Die Rendite, die man erhält gibt es in keinem Fall kostenlos. Niemand verschenkt einfach so Geld. Vielmehr ist die Rendite als Bezahlung für eingegangene Risiken zu sehen. Sie entspricht quasi dem Lohn, den mein Geld für seine Arbeit erhält.

Maxime: Die Rendite, die ich erhalte, ist die Bezahlung für mein eingegangenes Risiko. Je höher das Risiko, desto mehr Rendite wird mir auch gezahlt.

An der Börse geht es auf sowie ab und wenn es runter geht, dann mitunter deutlich. Zu frisch sind die Erinnerungen an die Finanzkrise, wo zum Beispiel der allseits bekannte DAX (Deutscher Aktienindex) von seinem Höchststand Mitte Juli 2007 mit 8.100 Punkten bis zum März 2009 auf 3.666 Punkte gefallen war. Ein Verlust von fast 55%. Den MSCI World, auf den ich gleich näher eingehe, hat es in der Finanzkrise ähnlich hart getroffen. Er verbuchte einen Kursverlust von fast 48%. Jemand, der damals genau Mitte Juli 2007 investiert hätte, der hätte sich also zwei Jahre später sehr geärgert. Hätte man als Anleger aber die Finanzkrise

58   Mein Geld geht arbeiten

einfach ignoriert und wäre zehn Jahre nach Anlagestart Mitte Juli 2017 ausgestiegen, so hätte man sich im Falle des DAX anstatt über 55% Verlust über 55% Gewinn gefreut. Das sind durchschnittlich ungefähr 5,5% Bruttorendite pro Jahr, trotz jahrelanger weltweiter Finanzkrise wohlgemerkt. Beim MSCI World wäre im selben Zeitraum sogar eine durchschnittliche Bruttorendite von ca. 8,8% möglich gewesen. In den letzten 10 Jahren liefen die Börsen nochmal deutlich besser. Beim MSCI World waren es durchschnittlich ganze 12,8% Bruttorendite jährlich.

Wie bereits in einer der Maxime formuliert, sollte man aus der Vergangenheit nicht auf die Zukunft schließen. Keiner weiß, was die nächste Dekade bringt. Dennoch zeigen die Zahlen und alle Statistiken eins, dass auf lange Sicht bisher immer positive durchschnittliche Renditen erzielt worden sind. Um Schwankungen und damit einen Risikofaktor klein zu halten, investiere ich Geld an der Börse für einen Zeitraum von mindestens zehn Jahren. Besser noch sind 15 oder 20 Jahre Anlagehorizont. Denn für einen beliebigen historischen Zeitraum war die Bruttorendite für eine Anlage mit mindestens 15 Jahren Laufzeit immer positiv. Alle Anlagehorizonte kleiner als fünf Jahre sind Zockerei. Diese Zeitangaben sind auch nicht fix. Dass heißt, ich steige bei einem Anlagehorizont von zehn Jahren nicht pünktlich aus, sondern schaue mir beispielsweise bereits nach acht Jahren an, wo ich stehe. Lief meine Anlage bis dahin gut, kann ich überlegen, einen Teil schon auszuzahlen. Ist das zehnte Jahr zufällig ein Krisenjahr, so warte ich weitere ein bis fünf Jahre, bis ich den Restauszahle. Ein Investment an der Börse ist nicht geeignet, wenn ich das gesamte Geld exakt nach zehn oder fünfzehn Jahre benötige. Ich muss flexibel bleiben.

Maxime: Geld an der Börse investiere ich nur für einen langen Zeithorizont.

Ein weiteres Instrument, um Schwankungen an der Börse besser ausgleichen zu können und sogar aktiv von diesen zu profitieren ist die Zwei-Anker Strategie. Hierzu wird der positive Geldfluss, den ich für mein Börseninvestment nutze in zwei Ströme geteilt. Ein Teil, nämlich 75%, fließt in den Rendite-Anker, also in mein monatliches Investment an der Börse. Sein Ziel ist klar, Rendite generieren und er ist damit risikobehaftet. Der zweite Teil von 25 % fließt in den Ausgleichs-Anker. Dieser soll möglichst risikoarm sein und ist daher, wie kann es anders sein, ein weiteres Tagesgeldkonto. Nun, warum mache ich das?

Zur Erklärung nutze ich ein vereinfachtes Zahlenbeispiel. Was wäre aus einem Investment von 100.000 Euro im März 2009 geworden, welches ich Ende Juni 2007 in den MSCI World investiert hätte? Die Zinserträge des Tagesgeldkontos lasse ich außer Acht.

	Kapital Rendite-Anker	Kapital Ausgleichs-Anker
Anfangskapital Juli 2007	75.000 Euro	25.000 Euro
%-Verhältnis der Anker	75%	25%
Portfoliostand Ende März 2009	40.161 Euro	25.000 Euro
Wertentwicklung	- 34.839 Euro	+/- 0 Euro
%-Verhältnis der Anker	62%	38%

Tabelle 3: Portfolioentwicklung bis Ende März 2009

Hätte ich zu diesem Zeitpunkt aus Panik verkauft, so hätte ich stolze 34.839 Euro verloren, dies sind fast 35% meiner Ursprungssumme. Was wäre aus meinem Investment geworden, wenn ich erst Ende Juni 2017 verkauft hätte, also 10 Jahre nach Start der Anlage:

	Kapital Rendite-Anker	Kapital Ausgleichs-Anker
Portfoliostand Ende März 2009	40.161 Euro	25.000 Euro
%-Verhältnis der Anker	62%	38%
Portfoliostand Ende Juni 2017	128.918 Euro	25.000 Euro
Wertentwicklung	+ 88.757 Euro	+/- 0 Euro
%-Verhältnis der Anker	84%	16%

Tabelle 4: Portfolioentwicklung bis Ende Juni 2017

Jetzt sieht das Bild ganz anders aus. Auf einmal steht ein Gewinn von 88.757 Euro auf der Habenseite, verglichen mit dem Tiefstand vom März 2009. Mein Kapital im Rendite-Anker hat sich seit dem Tiefstand mehr als verdreifacht. Auf mein Anfangsinvestment in Höhe von 100.000 Euro im Juli 2007 bezogen, habe ich fast 54.000 Euro Gewinn gemacht. Das ist eine Wertsteigerung von ca. 154%. Von diesem Gewinn sind noch Steuern und die Inflation abzuziehen, um den wahren Nettogewinn zu erhalten, aber darum geht es in diesem Beispiel nicht. Denn vielleicht fragen Sie sich auch, warum ich die ganze Zeit die 25.000 Euro aus dem Ausgleichs-Anker mitschleppe und diese nicht auch in den Rendite-Anker stecke. Eine berechtige Frage, die ich nun beantworte. In Wirklichkeit schleppe ich in meiner Strategie den Ausgleichs-Anker nicht einfach mit, sondern nutze dieses Geld zum Neugewichten meines Portfolios, auch Rebalancing genannt. Ende März 2009 lag das Verhältnis zwischen Rendite- und Ausgleichs-Anker bei 62% zu 38% lag. Zu diesem Zeitpunkt hätte ich so lange Geld aus dem Ausgleichs-Anker entnommen und in den Rendite-Anker umgeschichtet, bis das Verhältnis wieder 75% zu 25% wäre. Das heißt, ich würde mit dem Geld aus dem Ausgleichs-Anker zusätzliche Anteile an der Börse kaufen und diese zu einem sehr günstigen Kurs. Welche Auswirkung hätte das auf mein Beispiel zum Ende des Anlagehorizonts im Juli 2017gehabt?

	Kapital Rendite-Anker	Kapital Ausgleichs-Anker
Portfoliostand Ende März 2009	48.870 Euro	16.290 Euro
%-Verhältnis der Anker	75%	25%
Portfoliostand Ende Juni 2017	153.720 Euro	16.290 Euro
Wertentwicklung	+ 104.850 Euro	+/- 0 Euro
%-Verhältnis der Anker	90%	10%

Tabelle 5: Portfolioentwicklung Ende Juni 2017 mit Rebalancing

Durch diese einfache Maßnahme erreiche ich eine Vervierfachung meines Kapitals im Rendite-Anker im Vergleich zum Tiefstand. Insgesamt habe ich am Ende der Laufzeit ein Kapitalwert von 170.000 Euro erreicht. Dies sind 70% Gewinn und ganze 16.000 Euro mehr als ohne Rebalancing.

Jemand der seine 100.000 Euro direkt in den Rendite-Anker gesteckt hätte, wäre, bei der Berücksichtigung der Verzinsung des Tagesgeldkontos vom Ausgleichs-Anker, mit einem Gesamtergebnis von knapp 172.000 Euro etwa gleich auf. Warum also trotzdem zwei Anker? Der Kursverlauf der Vergangenheit sagt nichts über die Zukunft aus. Wären die Kurse zum Ende der Laufzeit noch einmal deutlich abgesackt oder zuerst gestiegen und dann gefallen, so würde mein Portfolio besser performen als eine Einzelanlage. Insbesondere dann, wenn man das Rebalancing auch auf der Oberseite anwendet, um erzielte Gewinne im Ausgleichs-Anker abzusichern. Im angeführten Beispiel würde sich dies unweigerlich anbieten. Nichts wäre schlimmer als ein Kurssturz kurz vor dem Ende meines Anlagehorizonts. Daher nehme ich immer ein Rebalancing vor, sobald das Verhältnis Rendite- zu Ausgleichs-Anker 85% zu 15% oder 65% zu 35% beträgt. Es reicht dafür in der Regel, einmal jährlich seine Depot- und Kontostände sowie deren Verhältnis zueinander zu prüfen.

Maxime: Durch gezieltes Rebalancing sichere ich meine Gewinne ab oder erhöhe meine Renditechancen in vermeintlich schlechten Zeiten.

Ich weiß, dass es andere Strategien für das Investment an der Börse gibt, die ähnliche Methoden anwenden. Bei diesen gibt es mitunter auch andere Vorschläge für das Verhältnis der Anlagetypen oder -bausteine. Zwar wird hier auch zwischen dem Renditebaustein und dem Sicherheitsbaustein ein Rebalancing vorgenommen, jedoch ist hier die primäre Intention das Risikomanagement. Ich sehe den Ausgleichs-Anker aber bewusst zunächst auch als solchen an, der positive Effekt auf das Gesamtrisiko steht an zweiter Stelle. Das Verhältnis zwischen Rendite- und Ausgleich-Anker ist daher immer 75% zu 25%. Die Entscheidung, wie viel Geld ich mit Risiko investieren will, habe ich bereits vorher getroffen. Nämlich bei der Festlegung, welcher Teil meines positiven Geldflusses in die Zinstreppe als sichere Anlage fließt und welcher Teil für die Anlage an der Börse verwendet wird. Dies ist übrigens ein weiterer wichtiger Baustein für das Risikomanagement. Welche Möglichkeiten ich hier habe, stelle ich in Kapitel 7.5 vor.

Ein weiterer entscheidender Punkt für die Senkung des Risikos ist die Diversifikation (Streuung). Was bringt es mir, wenn der Markt von Rekord zu Rekord jagt, das Unternehmen, von dem ich Aktien gekauft habe, aber in der Krise steckt. Selbiges würde auch passieren, wenn ich mir beispielsweise Aktien deutscher Automobilhersteller kaufen würde, aber plötzlich alle amerikanische PKW kaufen. Auch wenn ich von allen Autoherstellern der Welt Aktien kaufen würde, so könnte es sein, dass E-Bikes und der ÖPNV die Autos in den Innenstädten ablösen und kaum einer mehr Autos kaufen möchte. Hier habe ich dann mit meinem Investment auf die falsche Branche gesetzt. Mein Portfolio, also meine Aktienzusammenstellung, ist selbst im letzten Fall noch sehr speziell und eng, obwohl es alle Automobilhersteller der Welt enthält. Ich bin nicht genügend diversifiziert und trage damit ein hohes Risiko.

Mein Risiko soll aber möglichst gering sein, weshalb ich mein Investment über viele Branchen und noch viel mehr Unternehmen streuen möchte. An dieser Stelle kommt der MSCI World ins Spiel. Dies ist ein Aktienindex, der ähnlich

An die Börse gehen   65

wie der Deutsche Aktienindex (DAX) aus der Zusammenstellung zahlreicher Unternehmen besteht. Im MSCI World sind Aktien aus über 1.600 Unternehmen aus insgesamt 23 Industrieländern gemischt. Die Gewichtung erfolgt dabei nach der Marktkapitalisierung der Unternehmen. Der Index spiegelt also vereinfacht ausgedrückt den zusammengeschnittenen und gewichteten Kursverlauf von gleich 1.600 Unternehmen wider. Diese Diversifikation ist auch der Grund, warum ich nicht den DAX für mein Aktieninvestment nehme. Dieser enthält nur 30 Positionen, nämlich die 30 deutschen Unternehmen mit der höchsten Marktkapitalisierung. Er ist damit nur auf Deutschland und wenige Unternehmen konzentriert sowie zudem auf wenige Branchen beschränkt. Wichtige Branchen sind fast gar nicht vertreten und die angesprochene Automobilbranche deutlich übergewichtet. Mit dem DAX als Basisanlage würde man freiwillig auf Großkaliber wie Apple, Microsoft, Google oder Amazon verzichten. Undenkbar in der modernen Welt.

Das Risiko ist durch mein vielschichtiges Risikomanagement nicht verschwunden, aber ich habe es kalkulierbarer gemacht. An dieser Stelle möchte ich noch einmal auf die Bemerkung eingehen, dass das Risiko an der Börse viel zu hoch sei. Nicht wenige dieser Freunde und Bekannte haben jahrelang ihr Geld nur in Tagesgeldern und Festgeldern angelegt aus Angst, ein zu hohes Risiko einzugehen. Einige von ihnen haben sich jetzt eine selbstbewohnte Immobilie, teilweise sogar in einem stark renovierungsbedürftigen Zustand, gekauft und diese zum Teil sehr knapp finanziert. Ihnen ist gar nicht bewusst, dass Sie damit ebenfalls ein hohes Risiko eingegangen sind. Was passiert, wenn die Zinsen wieder steigen oder der Wert der Immobilie sinkt? Auch kennt man Geschichten von Anlegern, die bisher immer auf Sicherheit gesetzt haben und plötzlich ein viel riskanteres Investment eingegangen sind, als sie sich eigentlich zutrauen würden. Viele Kleinanleger verloren ihr Geld bei einem bekannten Hersteller für Solarmodule, andere bei einem Investment in Seecontainer. Sie alle waren sich ihrem tatsächlichen Risiko nicht bewusst. Bei meinem Investment kenne ich das Risiko und kann daher damit umgehen. Was ich jetzt brauche, ist also eine Möglichkeit in den Weltindex MSCI World zu investieren.

Maxime: Kenne deine Risikobereitschaft und investiere nicht riskanter als notwendig.

6.2 ETFs

Die ideale Anlagemethode für meine Strategie

Müsste ich alle Aktien selbst kaufen, um einen MSCI World Index abzubilden, so wäre ich als Erstes sehr lange beschäftigt und zum zweiten würde ich übermäßig hohe Gebühren bezahlen, da jeder Aktienkauf an der Börse kostet. Außerdem verändert sich die Zusammensetzung des Indexes auch immer wieder. Ich wäre also ständig am Kaufen und Verkaufen, nichts für mich. Ich brauche etwas Fertiges.

Zwar gibt es zahlreiche aktive Fonds, die den MSCI World mehr oder weniger exakt abbilden, aber diese haben die aus Kapitel 3.2 genannten Nachteile. Vorneweg die hohen Kosten. Zum Glück gibt es eine einfache und kostengünstige Lösung. Diese nennt sich ETF, was für exchange-traded fund steht. Es ist also auch ein an der Börse gehandelter Aktienfond, der aber die Besonderheit hat, dass er eine passive Strategie verfolgt. Dadurch sind keine Fondsmanager aktiv damit beschäftigt, die Zusammensetzung des Fonds zu bestimmen, sondern das in diesen Fond befindliche Anlagevermögen wird nach einem definierten Finanzindex investiert. Vereinfacht gesagt versucht der ETF möglichst genau einen Index abzubilden. Er folgt dabei nahezu demselben Kursverlauf wie der Referenzindex, was bedeutet, dass er weder den Referenzmarkt unter- noch überbieten will oder könnte. Er bildet einfach den Durchschnitt eines Marktes ab. Wie bereits zuvor erläutert, ist mir bisher kein aktiver Fond bekannt, der den Markt über mindestens eine Dekade in der Nettorendite dauerhaft outperformt, also übertroffen hat. Die meisten liefen sogar schlechter als der durchschnittliche Markt. Ich gebe mich daher mit dem Durchschnitt zufrieden und wähle einen ETF. Enormer Vorteil dieser passiven ETFs ist nämlich, dass sie nur sehr geringe laufende Kosten haben. In der Regel ist die Gesamtkostenquote (TER) kleiner als 0,5% p.a.

6.3 Ich kaufe mir einen ETF

Keep it simple

Der ETF-Markt ist inzwischen riesig, es gibt beispielsweise ETFs auf Anleihen, Immobilien, Gold und natürlich Aktien. Je Anlageklasse gibt es wieder unzählige weitere ETFs, die nach Branchen, Länder oder auch bestimmten Strategien ausgerichtet sind. Dieses Angebot kann einen regelrecht erschlagen. Was ich brauche ist nur ein ETF, der den MSCI World abbildet. Für die Suche nach einem geeigneten ETF kann ich einfach eine Internetsuchmaschine benutzen oder direkt die Website https://www.justetf.com.

An die Börse gehen 69

Ich persönlich bevorzuge diese Website. Dort findet man nahezu alle ETFs, die es gibt und kann diese nach bestimmten Kriterien filtern. Zudem kann ich kostenlos ein Musterportfolio anlegen und darin einfach mal meine Anlage durchspielen und sehen, wie sich diese entwickeln würde. Natürlich kann ich auch jedes andere Vergleichsportal für ETFs nutzen.

Zum Zeitpunkt der Veröffentlichung dieses Buches würde ich so ganz schnell 15 ETFs finden, die den MSCI World abbilden. Diese werden von unterschiedlichen Banken beziehungsweise Investmentgesellschaften angeboten. Welchen soll ich jetzt auswählen? Denn im Grund tun sie alle das, was ich möchte, nämlich den MSCI World abbilden. Zwar gibt es kleine Unterschiede in der Genauigkeit der Nachbildung des Indexes und damit in der Rendite, diese Unterschiede spielen für mich aber keine Rolle. Genauso wenig lege ich persönlich auf die Währung wert, in der der Fond gehandelt wird und auch nicht auf das Land, in dem der Fond aufgelegt ist. Zwar gibt es ein gewisses Währungsrisiko, dies hat aber im Vergleich zu den Kursschwankungen eine untergeordnete Bedeutung für mich und hält mich nicht von einem Investment ab. Seit der Vereinheitlichung der Steuerrichtlinien im Januar 2018 ist die Art der Besteuerung kein Auswahlkriterium mehr.

70   Mein Geld geht arbeiten

Grundsätzlich fällt bei ETFs wie bei allen Kapitalanlagen die Abgeltungssteuer an. Genauere Informationen und eine Beratung zum Thema Steuer bei ETFs bietet Ihnen ein Steuerberater.

Ein weiterer Unterschied, der oft diskutiert wird, ist die Art und Weise, wie der Index nachgebildet wird, die sogenannte Replikationsmethode. Da gibt es zum einen die vollständige Nachbildung des Index. Das heißt, dass der ETF auch alle Positionen des Index tatsächlich kauft und auch beinhaltet. Sie ist eher selten. Die zweite Methode ist das so genannte Sampling. Hier enthält der Index nur einen Teil der im Index vertretenen Positionen tatsächlich im Fondsvolumen. Dabei sind es überwiegend die Positionen, die im Index das größte Einflussgewicht und die beste Liquidität haben. Die letzte Art der Replikation ist die synthetische Methode. Dabei werden Swapgeschäfte, also Tauschgeschäfte verwendet, um ohne die tatsächlichen Werte des Index im ETF beinhalten zu müssen, diesen möglichst genau abzubilden. Alle Arten der Replikation haben Vor- und Nachteile. Für mich ist die Art der Nachbildung für die ETF Auswahl nicht maßgebend. Aber dies ist meine persönliche Meinung, hier gibt es sicher auch andere Ansichten. Ich schaue vielmehr auf folgende Kriterien:

1. Fondsvolumen in Mio. Euro

Ich wähle nur ETFs, die ein Fondsvolumen größer als 500 Mio. Euro haben. Dies ist für mich ein Indikator, dass der ETF wirtschaftlich ist und keine Gefahr besteht, dass der ETF seitens des Herausgebers eingestellt wird.

2. Art der Ausschüttung

Da der MSCI World selbstverständlich auch Unternehmen enthält, die eine Dividende an ihre Aktieninhaber auszahlt, erhält man auch als Anteilseigner des ETFs auf den MSCI World eine Dividende in Form einer Ausschüttung. Je nach ETF wird diese auch tatsächlich ausgeschüttet, das heißt ich erhalte eine Auszahlung auf mein Konto oder sie wird direkt dafür genutzt in den ETF zu reinvestieren. Hier spricht man von einem thesaurierenden ETF. Ich bevorzuge einen thesaurierenden ETF, da die Intention meiner Anlage in diesem Schritt der Vermögensaufbau ist und (noch) nicht ein passiver Geldfluss. Bei einem thesaurierenden ETF profitiere ich vom Zinseszinseffekt. Natürlich besteht auch die Möglichkeit, die Ausschüttung manuell zu reinvestieren, aber in der Regel fallen hier wieder Kosten für die Wiederanlage an.

3. Die Gesamtkostenquote TER

Wie bereits mehrfach erwähnt sind Kosten schädlich für die Rendite. Daher wähle ich von den verbleibenden ETFs einen mit geringer TER. Gibt es mehre ETFs mit ähnlichen hohen Kosten, so könnte man noch darauf achten, wie alt der ETF ist und wie genau er in dieser Zeit den MSCI World nachbilden konnte. Dies sind aber schon Details. Für mich sind die drei beschriebenen Kriterien entscheidend. Nachdem ich nun weiß, welchen ETF ich nutzen möchte, muss ich mir ein Depot anschaffen und mit der Anlage beginnen.

6.4 Das Depot

Das Zuhause meiner ETFs

Für den Handel und die Aufbewahrung meiner ETFs benötige ich ein Depot bei einer Bank. Heutzutage gibt es eine Vielzahl von Angeboten und in der Regel wird ein Depot wie ein Girokonto online geführt. Bei der Auswahl des geeigneten Depots achte ich auf folgende Aspekte:

1. Das Wichtigste ist natürlich, dass mein gewählter ETF dort überhaupt gehandelt werden kann.
2. Dieser Handel muss außerdem als Sparplan möglich sein, d.h. mein ETF ist beim Depotanbieter sparplanfähig.

3. Das Depot selbst ist für mich komplett kostenlos (keine jährliche Depotgebühr oder ähnliches).

4. Die Kosten für die monatliche Sparplanausführung sind gering.

In der Regel treffen diese Kriterien auf alle Depots der großen Online-Direktbanken zu. Bei den Kosten für die Sparplanausführung kann es größere Unterschiede geben. In der Regel üblich sind 1,5% Ausgabeaufschlag pro Sparplan und Ausführung. Es gibt aber auch Anbieter, die mit einem fixen Ausgabeaufschlag, beispielsweise 1,50 Euro arbeiten. Hier kommt es auf die Höhe des Sparplans an. Im Beispiel wären die Kosten beim Anbieter mit dem festen Ausgabeaufschlag ab einem monatlichen Sparbetrag von 101 Euro geringer. Viele Anbieter haben auch einzelne ETFs in Werbekampagnen im Angebot, bei denen die Sparplanausführung ohne Ausgabeaufschlag möglich ist. Diese sind in der Regel aber zeitlich begrenzt und für mich höchstens ein netter Bonus aber kein Auswahlkriterium. Eine gute Übersicht und einen Vergleich der Kosten gibt es auch bei justetf.com.

Das Depot ist nur eine Lagerstätte, d.h. auf dieses können keine Geldbeträge ein- oder ausgezahlt werden. Daher erhalte ich immer ein Verrechnungskonto zu meinem Depot. Dieses dient für die Ein- und Auszahlungen meiner Geldbeträge. Möchte ich nun Geld anlegen, so überweise ich den

Betrag auf das Verrechnungskonto. Bei der Sparplanausführung wird dieses dann entsprechend meiner Kauforder belastet und der gekaufte ETF in der entsprechenden Stückzahl in meinem Depot abgelegt. Bei einem Verkauf geschieht selbiges in umgekehrter Reihenfolge. Auch Dividendenzahlungen erhalte ich bei einem ausschüttenden ETF auf das Verrechnungskonto. Zum Glück ist es inzwischen die Regel, dass man bei der Kontoeröffnung ein Girokonto als Referenzkonto angeben kann. Damit kann ich mir den Zwischenschritt über das Verrechnungskonto sparen.

Ein Online-Depot wird ähnlich wie ein Online-Girokonto eröffnet. Nach dem Ausfüllen und Studieren des Online-Antrags schicke ich diesen unterschrieben an die Depotbank. Zusätzlich muss ich mich noch authentifizieren, was ich entweder per Postident bei der deutschen Post machen kann oder heute schon immer häufiger direkt Online per Videoident. Wenn es keine Nachfragen seitens der Bank gibt, erhalte ich schon wenige Tage später meine Zugangsdaten für das Onlinebanking. Es folgen dann nur die kurze Einrichtung des Onlinedepots sowie in der Regel die Festlegung des TAN-Verfahrens. Ist dies geschafft, kann ich endlich anfangen.

6.5 Meinen Sparplan einrichten

Monatliches Sparen

Je nach Anbieter kann die genaue Art und Weise, wie ein Sparplan erstellt wird abweichen, aber das Grundprinzip ist ähnlich. Ich beschreibe es hier sehr allgemein und gehe auch nicht auf alle Möglichkeiten ein.

Über das Onlinebanking meines Depots gehe ich auf die Übersicht für (Wertpapier-) Sparpläne. Dort kann ich einen neuen Sparplan erstellen. Zunächst benötige ich die sogenannte WKN oder ISIN meines ETFs. Diese ist eine eindeutige Kennung und hilft mir dabei, nicht zufällig einen falschen ETF zu besparen. Ich finde sie bei den Produktinformationen, aber fast immer ist sie bei der Recherche in unmittelbarer Nähe des Namens des ETFs angegeben. Nachdem ich diese eingegeben habe, lege ich fest, wie viel ich pro Sparplanausführung in diesen ETF sparen möchte. Diese Festlegung habe ich bereits vorab getroffen. Es sind 75% des gewählten Anteils meines positiven Geldflusses, denn ich an der Börse anlegen möchte. Näheres hierzu in Kapitel 7.5.

An dieser Stelle möchte ich übrigens auf die Behauptung eingehen, die Anlage an der Börse sei nur etwas für Wohlhabende und solche, die zu viel Geld haben. Einen Sparplan kann man bei fast allen Banken bereits ab 50 Euro pro ETF und Ausführung starten. Einige Direktbanken erlauben sogar Sparraten ab 25 Euro pro ETF und Ausführung. Nehme ich die 25% für den Ausgleichs-Anker hinzu, so komme ich auf gerade einmal circa 34 Euro monatlich, die ich für meine Anlage an der Börse sparen muss.

Als nächstes muss ich noch das Intervall festlegen. Ich wähle hier eine monatliche Ausführung sowie den Tag der Sparplanausführung, wobei ich immer den ersten des Monats wähle. Zuletzt bestimme ich noch den Startzeitpunkt des Sparplans, was bei mir natürlich der nächstmögliche Zeitpunkt ist. Bei der Auswahl des zu belastenden Kontos nehme ich wenn möglich mein Referenzkonto. Es gibt zum Teil auch die Option eine Dynamisierung einzustellen. Damit würde die Sparplanrate entsprechend der Dynamisierung steigen. Die Idee dahinter ist unter anderem ein automatisierter Inflationsausgleich. Ich passe meine Sparpläne dafür händisch an. Fehlen nur noch das genaue Studium und die Archivierung der zugehörigen Dokumente sowie die Freigabe per TAN. Ab jetzt muss ich nichts mehr tun, der Sparplan wird jeden Monat automatisch ausgeführt, das Geld von meinem Konto abgebucht und damit die mögliche Stückzahl meines gewählten ETFs an der Börse gekauft und in mein Depot abgelegt. Je nach Kaufpreis an der Börse variiert die Stückzahl, die ich für meinen Geldbetrag erhalte. Steigen die Kurse, so erhalte ich mit dem nächsten Kauf weniger, sinken sie, so erhalte ich mehr. Die investierte Sparsumme bleibt gleich. Das Geld für den Ausgleichs-Anker lasse ich einfach über einen Dauerauftrag monatlich auf mein Tagesgeldkonto überweisen. Fertig bin ich mit diesem Teil meiner Strategie.

Eigentlich interessiert mich die Kapitalentwicklung meiner Anlagen jetzt erst einmal nicht mehr. Entscheidend ist die Wertentwicklung zum Ende meines gewählten Anlage-horizonts und nicht währenddessen. Es wird höchstwahrscheinlich Zeiten geben, mitunter sogar mehrere Jahre in Folge, in denen das ganze Depot durch Kursverluste tiefrot gefärbt sein kann. Bis auf Rebalancing Maßnahmen reagiere ich nicht, denn solange ich nicht verkaufe, sind die vermeintlichen Verluste nur Buchverluste. Sie würden erst real werden, wenn ich meine gekauften ETF wieder verkaufe. Wie im Kapitel 6.1 zum Risikomanagement beschrieben, muss diese Phase einfach überstanden werden.

Um zu prüfen, ob ich aktiv werden muss, prüfe ich einmal jährlich (sowie bei besonderen politischen oder wirtschaftlichen Ereignissen) die Verteilung zwischen den beiden Ankern und reagiere bei Notwendigkeit. Ich tue dies in der Regel am Anfang des Jahres, wenn ich mich auch um meine Steuer kümmern muss. An dieser Stelle sollte man auch darauf achten, dass ein Freistellungsauftrag bei der Depotbank hinterlegt ist, sofern dieser nicht schon verbraucht ist. Für Singles ist jährlich ein Gewinn aus Kapitalerträgen von 801 Euro steuerfrei, bei zusammen veranlagten Ehepaaren sind es 1602 Euro. Hierzu zählen aber alle Gewinne aus Kapitalerträgen, die ich erhalte, zusammen. Steuern haben mitunter einen starken Einfluss auf meine reale Rendite, mehr dazu in Kapitel 7.2.

Zugegeben, als Neueinsteiger klingt dies alles erst einmal kompliziert. Wenn man es selbst aber einmal praktisch durchgeht, ist der Kauf eines ETF nicht viel aufwendiger als normales Onlinebanking. Zudem muss ich den Sparplan nur einmal einrichten, von da an ist, außer gelegentliche Depotpflege, nichts mehr zu tun. Daher ist die Behauptung, dass ein richtiges Investment an der Börse zu kompliziert sei, meiner Meinung nach Blödsinn und zeugt von Unwissenheit oder ist nur eine Ausrede, sich nicht mit dem Thema beschäftigen zu müssen. Lieber möchte ich einmal abschätzen, welche Renditen wir vielleicht erwarten können, wenn wir unser Geld an der Börse für uns arbeiten lassen.

7 Was bringt mir meine Vermögensstrategie?

Eine Abschätzung

Was bringt mir nun meine Anlage? Schlussendlich habe ich meine Strategie entwickelt, um mein Geld zu vermehren. Da wir die Zukunft nicht kennen, muss ich hierfür mit historischen Daten arbeiten. Der Kursverlauf und damit die Wertentwicklung sowie die Rendite können natürlich zukünftig ganz anders sein, aber für eine ungefähre Abschätzung, welches Potential meine Strategie hat, sind historische Werte durchaus praktikabel.

7.1 Ein Blick in die Vergangenheit

Historische Renditen meiner Anlageklassen

Wie fielen die Renditen der einzelnen Anlageklassen meiner Strategie in der Vergangenheit aus? Zunächst betrachte ich nur die Bruttorenditen, das heißt ohne Abzug der Steuer, der Inflation und der Kosten für die Geldanlage.

Beginnen wir mit den risikoarmen Anlagen, dem Tages- und Festgeld. Hier habe ich die durchschnittliche Rendite für die vergangenen 15 Jahre betrachtet, also im Zeitraum von 01.01.2003 bis zum 31.12.2018. Folgende durchschnittliche Jahresbruttorenditen konnten erzielt werden:

Tagesgeld	Festgeld 12 Monate	Festgeld 24 Monate	Festgeld 36 Monate	Festgeld 4 Jahre	Festgeld 5 Jahre
1,31% p.a.	1,61% p.a.	1,75% p.a.	1,93% p.a.	2,10% p.a.	2,26% p.a.

Tabelle 6: Historische Rendite auf Tages- und Festgelder

Wie man sieht, ist die Verzinsung bedingt durch die anhaltende Niedrigzinsphase nicht üppig, tatsächlich bewegen sich die Zinsen für das Tagesgeld aktuell nahe der Nulllinie. Für die kommenden 15 Jahre können wir froh sein, wenn wir wieder auf ein ähnliches durchschnittliches Zinsniveau kommen. Wahrhaft ernüchternd.

Als nächstes betrachte ich die historische Rendite des MSCI World. Hierfür ziehe ich den MSCI World NET-Index heran. In diesem werden die Dividenden wieder angelegt sowie die ausländische Quellsteuer bereits abgezogen. Für diesen Index habe ich die historischen Kursdaten seit Januar 1970 bis Ende 2017 betrachtet und komme auf eine durchschnittliche Bruttorendite von jährlich circa 7,2%. Verglichen mit den Sparzinsen ein enormer Unterschied, allerdings war diese Rendite nicht konstant, sondern unterlag starken Schwankungen. Der Zeitraum zwischen August

2000 bis März 2003 war für den MSCI World die Zeitspanne mit dem größten Verlust in Höhe von fast 54%. Das entspricht bei einer Einmalanlage einer jährlichen durchschnittlichen Negativrendite von circa 25% und das über 2,7 Jahre. Was zusätzlich schmerzt ist die Tatsache, dass es bis Ende Februar 2014 gedauert hat, bis der ursprüngliche Kurswert von August 2000 wieder erreicht wurde. Das sind stolze 13,5 Jahre für ein Nullsummenspiel.

Auch wenn dies zunächst sehr erschreckend klingt, sollte es einen nicht entmutigen. So zeigt diese Berechnung umgekehrt, dass wenn ich mein Geld für einen beliebigen historischen Zeitraum für mindestens 13,6 Jahre angelegt hätte, ich immer mit einem Gewinn herausgegangen wäre. Bei dem von mir anvisierten Anlagehorizont von 15 Jahren, wäre bei einer Einmalanlage im August 2000 zumindest eine jährliche Bruttorendite von circa 1,4% erzielbar gewesen. Diese Berechnung verdeutlich noch einmal gut welcher Einfluss der Anlagehorizont auf mein eigenes Risiko hat.

Maxime: Mit einem Anlagehorizont von 15 Jahren hätte ich historisch gesehen nie einen Verlust mit dem MSCI World Index gemacht.

Schaut man sich dagegen die „fetten" Jahre an, so war das Jahr 2003 nicht nur die Kehrtwende nach der langen

Durststrecke, sondern mit einer Kurssteigerung von gut 30% das beste Jahr im neuen Jahrtausend. Bezogen auf den Anlagehorizont von 15 Jahren war für eine Einmalanlage im besten Zeitraum sogar eine jährliche Bruttorendite von bis zu 14,1% möglich gewesen, was bedeutet, dass sich meine Anlage mehr als versechsfacht hätte.

Nun zielt meine Strategie nicht nur auf die einmalige Anlage eines einzelnen Geldbetrages ab, sondern auf das kontinuierliche Sparen über einen ETF-Sparplan. Nehmen wir als Basis beispielsweise wieder das Jahr 2000. Wäre ich im Januar 2000 mit meinem Sparplan eingestiegen und hätte mein Vermögen nach 15 Jahren ausgezahlt, so hätte meine durchschnittliche jährliche Bruttorendite bei circa 6,24% gelegen. Diese ist deutlich besser als die zuvor berechnete Rendite bei einer Einmalanlage. Warum ist das so? Dies hat zweierlei Gründe. Zum einen lag der extreme Kursrückgang bis März 2003 relativ am Anfang meines Sparplans, was bedeutet, es war einfach wenig Geld im Depot, was davon betroffen war. Zum Zweiten konnte ich durch meine Sparrate in der vermeintlichen Krisenzeit sehr günstig einkaufen und habe damit bei niedrigen Kursen für denselben Eurobetrag mehr Anteile erworben. Dies wirkt sich dann in der nächsten Hochphase als Hebel aus, ich profitiere von der anschließenden Kurssteigerung umso mehr. Bedingt durch diese Tatsache erholt sich mein Depot auch deutlich schneller, als bei einer Einmalanlage. Ich kann und sollte sogar darüber nachdenken, wie es mir gelingt, genau in dieser Tiefphase meine monatliche Sparrate noch zu erhöhen, um diesen Hebeleffekt noch mehr ausnutzen zu können.

Deutliche Kursverluste am Ende eines Anlagehorizonts treffen mich als regelmäßigen Sparer aber umso stärker. Hätte ich meine Anlage im Januar 1994 gestartet und wäre Ende 2008 ausgestiegen, so hätte durch die Finanzkrise meine jährliche durchschnittliche Bruttorendite nur bei circa 1% gelegen. Wäre ich ein Jahr früher ausgestiegen, also nach 14 Jahren, so hätte ich stattdessen stolze 8% p.a. erzielen können.

Diese Betrachtungen und die Tatsache, dass in den letzten Abschnitten viele Konjunktive benutzt wurden, verdeutlichen noch einmal, dass ein regelmäßiges Rebalancing zur kontinuierlichen Gewinnmitnahme sowie die Berücksichtigung des eigenen Anlagehorizonts wichtig sind. Wir kennen den zukünftigen Kursverlauf nicht und können auch das nächste Hoch oder Tief nicht vorhersagen. Wie bereits erläutert, muss man schon zwei bis drei Jahre vor Ende des Anlagezeitraums überlegen, ob es Zeit ist einen Teil der Gewinne zu sichern. Andernfalls könnte eine plötzliche Krise einen dazu zwingen, den Anlagehorizont deutlich zu verlängern, wenn man nicht auf einen Teil der erwirtschafteten Rendite verzichten will. Für einen regelmäßigen Sparer ist nicht der Einstiegszeitpunkt, sondern der Ausstiegszeitpunkt entscheidend.

Maxime: Für einen regelmäßigen Sparer ist der Einstiegszeitpunkt an der Börse nicht von Bedeutung. Sondern der Ausstiegszeitpunkt.

7.2 Die Feinde meiner Rendite

Kosten, Steuern und Inflation

Leider ist die Bruttorendite nicht der wahre Wertzuwachs meines Vermögens. Ich muss auf meine Gewinne Steuern zahlen, die Geldanlage verursacht Kosten und zudem wird mein Geld über die Inflation entwertet.

Bei einem thesaurierenden ETF müssen nach der Neuregelung des Investmentsteuergesetzes seit Januar 2018 auch einheitlich jährlich Steuern abgeführt werden. Nach einem aufwendigen Berechnungsverfahren, auf das ich an dieser Stelle aus Platzgründen nicht eingehen möchte, wird ein theoretischer Gewinn berechnet, der dann zu versteuern ist. Dieser nennt sich Vorabpauschale. Ich komme bei meinen Abschätzungen zum Zeitpunkt der Herausgabe dieses Buches und einer angenommenen durchschnittlichen Bruttorendite von 7,2% p.a. auf eine steuerliche Belastung von circa 1,6% p.a. Natürlich fallen am Ende des

Anlagehorizonts beim Verkauf meiner Anteile Steuern an. Die bereits versteuerte Vorabpauschale wird hier aber mit berücksichtigt. Eine exaktere und ausführlichere Berechnung der Steuerlast kann Ihnen unter anderem ein zugelassener Steuerberater erstellen. Dieser wird Ihnen auch die Details zu den Grundlagen der Besteuerung erläutern können.

Die laufenden Kosten für meinen ETF halten sich in Grenzen. Eine TER von 0,2% p.a. für einen ETF auf dem MSCI World ist realistisch. Zusätzlich zahle ich auf meine Sparraten einen Ausgabenaufschlag von 1,5%. Der negative Einfluss auf meine jährliche durchschnittliche Rendite liegt dann bei circa 0,28% p.a. Durch Kosten verliere ich also gerundet ein halbes Prozent meiner Bruttorendite.

Zuletzt muss ich die Inflation betrachten. Hier nehme ich zur einfachen Berechnung eine Inflation von 2% an. Bei der Inflation muss bedacht werden, dass sich diese nicht auf die Höhe meines Gewinns in Euro auswirkt, sondern auf den Gegenwert, den ich für meinen Gewinn erhalten würde. Meine reale jährliche durchschnittliche Rendite berechnet sich wie folgt:

Bruttorendite	7,2% p.a.
Steuern	- 1,6% p.a.
Laufende Kosten	- 0,5% p.a.
Inflation	- 2,0% p.a.
Reale Rendite	3,1% p.a.

Tabelle 7: Bruttorendite vs. reale Rendite

Wie sich zeigt, schrumpft die Bruttorendite nach Abzug der Positionen erheblich zusammen. Eine reale Rendite von 3,1% p.a. klingt bei weitem nicht so toll, wie die Rendite von 7,2% p.a.. Ein kostenloses Tagesgeldkonto mit durchschnittlich 1,37% p.a. (s.o.) hätte dagegen eine reale Rendite von -2,2% p.a., es wird also Geld vernichtet. Habe ich aber meinen Sparer-Freibetrag noch nicht ausgenutzt, so fällt die steuerliche Belastung nicht an. Dies dürfte auf eine Vielzahl der Leserinnen und Leser erst einmal zutreffen, denn jährliche Gewinne aus Kapitalanlagen in Höhe von 801 Euro beziehungsweise 1602 Euro bei Eheleuten sind schon sehr ansehnlich. Meine reale jährliche durchschnittliche Rendite verbessert sich also solange ich meinen Sparer-Freibetrag nicht ausgenutzt habe auf 4,7%. Das Tagesgeldkonto bleibt in diesem Fall mit -0,63% im Negativen. Da ich die Inflation nicht beeinflussen und anfallende Steuern nicht vollständig vermeiden kann, ist der beeinflussbare Hebel die Kosten meiner Anlage. Ich nehme nun an, dass ich statt eines ETF mit den oben angenommenen Kosten, einen aktiv gemanagten Fond einer Bank gewählt hätte und dieser würde identisch performen wie der MSCI World. In diesem Fall wäre eine TER von 1,5% p.a. schon günstig. Ein Ausgabeaufschlag von 5% ist oft üblich, was bei einem monatlichen Sparplan eine jährliche Belastung von circa 0,9% entspricht. Zusammen also ein Renditeverlust von 2,4% p.a. Die reale Rendite ohne Abgaben an den Fiskus liegen nur noch bei 2,8% p.a..

Spare ich beispielsweise 100 Euro monatlich in einen ETF und über 15 Jahre hinweg, so bedeutet dieser Renditeunterschied am Ende eine Differenz von gut 3.600 Euro, nur aufgrund der unterschiedlichen Kosten. Dieses Geld hat die Bank oder der Finanzberater eingenommen. Vorausgesetzt der aktiv gemanagte Fond schafft es tatsächlich, gleich gut wie der MSCI World zu performen, das wie bereits beschrieben über den langen Anlagezeitraum keiner der mir bekannten aktiven Fonds geschafft hat. Nur um mit der Rendite des MSCI World gleichzuziehen, müsste der Fond allein durch die verursachten Mehrkosten dauerhaft mit 2,4% p.a. besser laufen als ein ETF auf den MSCI World. Dies ist meiner Meinung nach Utopie. Daher ist das oberste Ziel, meine Kosten gering zu halten.

Maxime: Steuern, Kosten und Inflation sind die Feinde meiner Rendite. Ich versuche sie so klein wie möglich zu halten.

7.3 Die Verteilung der Anlageklassen

Die Steuerung von Rendite und Risiko

Nachdem ich eine Vorstellung darüber habe, wie historisch gesehen meine Renditeerwartungen je Anlageklasse sein könnten, schaue ich mir an, welche Rendite ich mit meiner Anlagestrategie erreichen kann. Ich betrachte im Folgenden immer die Nettorendite, also die Rendite nach Abzug der Kosten, aber vor Anzug der Steuern, weil diese von der persönlichen Situation abhängen. Da sich die Inflation nicht direkt auf die tatsächlich angesparte Geldsumme auswirkt, betrachte ich sie hier nicht, habe sie aber dennoch im Hinterkopf.

Für meine Strategie teile ich meinen positiven Geldfluss unter den Anlageklassen auf. Meine Anlageklassen sind die Zinstreppe aus Kapitel 5 sowie der Rendite-Anker als ETF auf den MSCI World und der Ausgleichs-Anker als Tagesgeldkonto aus Kapitel 6.1. Für die Aufteilung habe ich beispielhaft drei unterschiedliche Risikoprofile gewählt: Defensiv, ausgewogen und offensiv. Ich wähle für die einzelnen Risikoprofile folgende Verteilung, wobei in allen drei Fällen 10% des positiven Geldflusses vorab in die Urlaubskasse fließen:

Risikoprofil	Urlaubskasse	Zinstreppe	Rendite-Anker	Ausgleichs-Anker
Defensiv	10,0%	63,0%	20,7%	6,3%
Ausgewogen	10,0%	30,0%	45,0%	15,0%
Offensiv	10,0%	0,0%	67,5%	22,5%

Tabelle 8: Verteilung des positiven Geldflusses auf die Klassen

Im Folgenden ist der Geldfluss beispielhaft im Falle eines ausgewogenen Risikoprofils dargestellt:

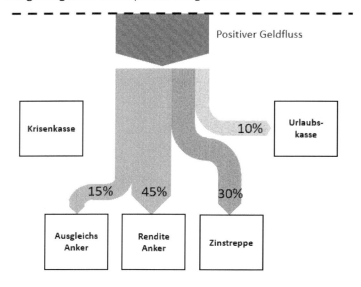

Abbildung 9: Aufteilung des Geldflusses beim ausgewogenen Risikoprofil

Entsprechend dieser Verteilung komme ich auf folgende durchschnittliche jährliche Gesamtnettorenditen für meine Risikoprofile:

Risikoprofil	Ø Nettorendite p.a.
Defensiv	3,0% p.a.
Ausgewogen	4,2% p.a.
Offensiv	5,4% p.a.

Tabelle 9: Historische Renditen der Risikoprofile

Zwischen den einzelnen Risikoprofilen liegen jeweils circa 1,2% p.a.. Dies klingt zunächst erst einmal nicht besonders viel, wirkt sich aber stark auf die Vermögensentwicklung aus. Wie sieht beispielsweise das Vermögen nach 15 Jahren aus, wenn ich monatlich 200 Euro in die einzelnen Risikoprofile spare?

Risikoprofil	Endkapital	Gewinn vor Steuern	Wertsteigerung vor Steuern
Defensiv	45.363 Euro	9.363 Euro	126%
Ausgewogen	49.887 Euro	13.887 Euro	139%
Offensiv	54.937 Euro	18.937 Euro	153%

Tabelle 10: Endkapital der Risikoprofile bei 200 Euro Sparrate und 15 Jahren Laufzeit

Nach 15 Jahren habe ich jeweils immer 36.000 Euro einge-
zahlt. Die Beispielrechnung zeigt sehr schön, dass zwischen
den Profilen circa 4.750 Euro Gewinn vor Steuern liegen.
Schaffe ich es, meine Sparrate auf 400 Euro zu verdoppeln,
so würde sich auch der Abstand zwischen den Profilen in
etwa auf 9.500 Euro verdoppeln. Das bedeutet, je höher
die Sparrate, desto merklicher wird der Abstand zwischen
den Profilen. Grund hierfür ist der Zinseszinseffekt. Hier
muss man zusätzlich berücksichtigen, dass die angenommen historischen Zinsen für Tages- und Festgeld im Vergleich zu den tatsächlichen Zinsen zum Zeitpunkt der Veröffentlichung dieses Buches relativ optimistisch sind. Sollte
sich das aktuelle Zinsniveau länger anhalten, so wird der
Abstand zu Gunsten des offensiven Profils noch größer.

*Maxime: Die Wahl meines Risikoprofils treffe ich bewusst.
Sie entscheidet über meine Renditechancen.*

7.4 Der Umgang mit bereits Erspartem oder einmaligen Einnahmen

Das Luxusproblem

Nicht jeder fängt bei Null an. Viele Menschen, wie auch ich,
haben bisher monatlich auf ein Tagesgeldkonto gespart o-
der das Geld einfach auf Girokonten oder Sparbüchern

angesammelt. Dieses Geld muss natürlich in die Strategie einfließen.

Sofern nicht schon geschehen gehört dieses Geld zuerst in die Krisenkasse (vgl. Kapitel 4.3) oder wird für die Optimierung meiner Bilanz verwendet (vgl. Kapitel 4.2). Der verbleibende Anteil fließt als einmaliger positiver Geldfluss entsprechend meiner gewählten Verteilung in die Anlageklassen.

Je nach Höhe des dann zu investierenden Betrags sollte man beim Kauf von ETF-Anteilen darüber nachdenken, diesen in mehrere Einzelkäufe zu unterschiedlichen Zeitpunkten zu splitten. Denn nichts ist schlimmer, als sich kurz vor einer Kurskorrektur mit viel Geld einzukaufen. Fallen die Börsenkurse nach meinem Kauf merklich, so muss ich erst einmal diesen Verlust wieder hereinholen. Teile ich jedoch meine Investmentsumme auf, so habe ich mehrere Einstiegspunkte.

Maxime: Bei größeren Einmalanlagen teile ich die Investmentsumme auf und kaufe mich in mehreren Schritten zu unterschiedlichen Zeitpunkten ein.

Ab einer Einmalanlage von 10.000 Euro würde ich zumindest in zwei Schritten ETF Anteile kaufen und zwar im Abstand von circa einem halben Jahr. Während einer besonders turbulenten Phase kann man sogar über einen quartalsweisen Kauf von jeweils 2.500 Euro nachdenken. Sehr hohe Einmalanlagen würde ich immer über einen Zeitraum von bis zu zwei Jahren schrittweise investieren. So ergibt sich für mich ein durchschnittlicher Kaufpreis, der gewisse Schwankungen ausgleicht. Eine zu kleinteilige Aufteilung lohnt dagegen wieder nicht, weil ich jedes Mal erneut Ordergebühren zahlen muss. Da ich die Zukunft nicht kenne, kann es aber immer passieren, dass ein direktes vollständiges Investment besser gewesen wäre. Die Aufteilung sichert mich aber gegen böse Überraschungen ab.

Selbiges Vorgehen vollziehe ich auch mit einmaligen Einnahmen, wie zum Beispiel Geld aus Verkäufen oder auch Sonderzahlungen, wie einem dreizehnten Gehalt oder dem Weihnachtsgeld. Allerdings zweige ich hier immer ein Drittel für meine Urlaubskasse ab, schließlich will ich mich auch belohnen dürfen.

7.5 Das eigene Anlageziel

Wieviel Rendite brauche ich?

Stellt sich die Frage, welches Risikoprofil für mich das Richtige ist. Hier spielen drei Punkte eine wichtige Rolle: Erstens die Risikobereitschaft, zweitens der Anlagehorizont und drittens mein Vermögensziel. Kein Punkt kann für sich allein betrachtet werden, sondern alle sind untrennbar mit den anderen verwoben. Ich persönlich bin aufgrund des schlechten Zinsniveaus offensiv unterwegs. Für mich ist es aber durchaus denkbar, dass ich bei steigenden Zinsen auf das ausgewogene Profil wechsle. Die Abwägung und die schlussendliche Entscheidung triff jeder auf seiner Basis für sich.

Während die ersten beiden Punkte, die Risikobereitschaft und der Anlagehorizont schon ausführlich behandelt wurden, habe ich über das Anlageziel bisher nicht geschrieben. Der Grund hierfür ist, dass das persönliche Ziel und der zu wählende Weg dahin von Person zu Person unterschiedlich sind und maßgeblich von den eigenen Lebensumständen abhängen. Nichtsdestotrotz möchte ich einen Denkanstoß liefern: Wie viel Geld soll am Ende des Anlagehorizonts zur Verfügung stehen? Als einfaches Beispiel nehme ich an, dass ich nach 15 Jahren 50.000 Euro angespart haben möchte und dass ich ohne Startkapital anfange. Die TER meines ETFs liegt bei 0,2% und der Ausgabenaufschlag bei 1,5%. Bei unterschiedlichen Sparraten komme ich auf folgende notwendige Rendite:

Monatliche Sparrate	Notwendige Ø Nettorendite p.a.
100 Euro	12,97% p.a.
150 Euro	8,16% p.a.
200 Euro	4,63% p.a.
250 Euro	1,78% p.a.

Tabelle 11: Notwendige Nettorendite bei unterschiedlichen Sparraten

Obwohl die Sparraten nicht sehr weit auseinander liegen, haben ich starke Unterschiede bei der notwendigen Nettorendite. Ich stelle fest, dass ich mit 100 Euro und 150 Euro monatlicher Sparrate mein Ziel höchstwahrscheinlich selbst dann nicht erreichen würde, wenn ich zu 100% in MSCI World investieren würde. Mit 200 Euro monatlicher Sparrate kann ich mein Ziel erreichen, wenn ich ein ausgewogenes Risikoprofil wähle, wie im vorherigen Kapitel bereits berechnet. Bei 250 Euro würde dagegen bereits die Rendite einer Zinstreppe ausreichen, um mein Ziel zu erreichen. In diesem Fall trage ich zwar ein geringes Risiko, aber zum Anlageziel durch meine Einzahlungen in Höhe von insgesamt 45.000 Euro auch den Löwenanteil selbst bei.

Habe ich nicht die Möglichkeit 200 Euro oder 250 Euro monatlich zu sparen, so muss ich mein Anlagehorizont verlängern. Bei 20 Jahren benötige ich mit einer Sparrate von 100

Euro 7,2% Rendite pro Jahr, was bedeutet, dass ich vollständig in den MSCI World investieren müsste. Ein hohes Risiko. Nehme ich stattdessen 150 Euro als monatliche Sparrate, komme ich bei 20 Jahren auf eine notwendige Rendite von 3,5% p.a. Dies lässt sich in guten Zeiten bereits mit dem defensiven Risikoprofil realisieren. Ich sollte aber eher daran arbeiten, meine monatliche Sparrate zu erhöhen, denn mit monatlich 50 Euro mehr benötige ich ganze fünf Jahre weniger, um ein Ziel zu erreichen.

Viele Bücher und Blogs beschäftigen sich damit, wie man die erste Million erzielt, um sich dann auch selbst Millionär nennen zu dürfen. Daher nehmen wir für ein hypothetisches Beispiel einmal an, ich möchte am Ende des Anlagehorizonts ein Vermögen von einer Millionen Euro besitzen. Ich schaffe es monatlich stolze 1.000 Euro zurückzulegen und wähle die offensive Strategie, was bedeutet, dass ich historisch betrachtet mit einer Nettorendite von 5,4% rechnen kann. Wie lange benötige ich, bis ich mein Ziel Millionär zu sein erreicht habe? Die etwas ernüchternde Antwort lautet 32 Jahre. Zu dieser Million habe ich durch meine monatliche Sparrate aber selbst nur 384.000 Euro beigetragen. Das bedeutet umgekehrt, dass 616.000 Euro dazugekommen sind. Diesen Teil hat mein Geld für mich erarbeitet. Auch wenn ich keine 1.000 Euro pro Monat sparen kann oder keine 32 Jahre Zeit habe und sich die Renditeerwartungen in Zukunft ändern können, so zeigt dieses

Beispiel doch unweigerlich, dass es sich lohnt sein Geld für sich arbeiten zu lassen. Selbst wenn ich monatlich nur 100 Euro spare, so würde ich bei einer Nettorendite von 5,4% nach 24 Jahren den Zustand erreichen, dass ich mein bis dahin eingezahltes Vermögen durch die Gewinne verdoppelt hätte. Und diese Tatsache ist unabhängig von der Höhe der monatlichen Sparrate und wird alleinig von der Rendite bestimmt. Jedes weitere Jahr würde mich noch vermögender machen, da auch die erzielten Gewinne immer weiter für mich arbeiten würden und wieder neue Gewinne generieren. Dieser Zinseszinseffekt funktioniert auch ohne, dass ich dafür selbst arbeiten, beziehungsweise ich weiteres Geld einzahlen muss und ist ein Hauptgrund dafür, dass Vermögende immer reicher werden. Der Effekt verstärkt sich entsprechend, wenn die zu erwartende Rendite steigt.

Maxime: Der Zinseszinseffekt sorgt dafür, dass sich mein Geld von allein vermehrt.

Unabhängig vom gewählten Risikoprofil wirkt sich aber eine Erhöhung der Sparrate sofort merklich auf mein Endergebnis aus. Gekoppelt mit einem langen Anlagehorizont habe ich wahrhaft die Möglichkeit, mir ein ansehnliches Vermögen auszubauen. An dieser Stelle schließt sich der Kreis meiner Vermögensstrategie. Der eigene Vermögensaufbau ist keine einmalige Sache, sondern ein kontinuierlicher Prozess. Das ständige Bestreben muss sein, den positiven Geldfluss zu erhöhen. Mit dem Abschluss dieses Kapitels habe ich erst einmal alle Grundlagen, um mit dem Vermögensaufbau zu beginnen. Ich fange also gleich mit der realen Umsetzung an, denn am meisten Rendite verliere ich, solange ich nichts mit meinem positiven Geldfluss mache.

8 Meine Vermögenstrategie verstehen

Häufige Fragen an mich

In den vorherigen Kapiteln habe ich meine persönliche Strategie einfach und kompakt beschrieben. Es braucht nicht vielmehr, um mit dem eigenen Vermögensaufbau zu beginnen. Dennoch habe ich festgestellt, dass viele meiner Leserinnen und Leser, die sich für den selbstständigen und unabhängigen Vermögensaufbau interessieren, noch ganz andere Fragen und Gedanken haben. Diese hängen oft mit ihrem Vorwissen oder mit der eigenen persönlichen Situation zusammen. Ich möchte einige dieser Punkte in diesem Kapitel aufgreifen und meine eigene Meinung dazu nennen.

1. **So einfach ist deine Strategie? Das klingt zu gut, dann würde es doch jeder machen.**

Die Antwort ist ja und nein. Ja, denn die grundsätzliche Strategie ist sehr einfach gehalten. Mein Grundsatz lautet „keep it simple". Je einfacher und dabei verständlicher die Strategie ist, desto einfacher kann man sie umsetzen und auch dauerhaft beibehalten. Vielleicht sind Sie, liebe Leserin oder Leser, sogar enttäuscht, weil Sie eine komplexere Strategie und raffinierte Anlageklassen und -methoden erwartet haben. Dieser Bedarf es aber für den Vermögensaufbau eines Privat- und Kleinanlegers gar nicht. Ich kenne einige Anleger, die an einer zu komplexen Strategie gescheitert sind. Entweder wurde Ihre Rendite durch zu hohe Kosten aufgefressen oder die vermeidlichen Top-Rendite-Chancen entpuppten sich als Totalpleiten. Halten Sie es einfach und für Sie verständlich.

Zum anderen ist die Antwort auch nein, denn was sich hier so leicht liest, ist in Wirklichkeit harte Arbeit. Machen Sie sich Ihren Geldfluss bewusst und ich bin mir fast sicher, dass Sie überrascht sein werden, wie wenig Sie am Ende als positiven Geldfluss übrig haben. Wer monatlich nur ein paar wenige Euro weglegt, der wird selbst nach 30 Jahren kein großes Vermögen haben. Für Viele wird der Vermögensaufbau daher auch mit Verzicht einhergehen müssen. Denn die meisten von uns haben ihren Lebensstandard so gewählt, dass sie, bis auf ein wenig Geld, was sie vielleicht auf ihr Tagesgeldkonto sparen, jeden Monat ihren Geldflusseingang auch vollständig verkonsumieren. Steigt das Einkommen, so steigen auch der Lebensstandard und damit die Verpflichtungen sowie Ausgaben. Nur wer bereit ist, hier Einschnitte beim Konsum vorzunehmen, der wird am Ende auch belohnt. Dies kann sehr schwer sein.

Hinzu kommt, dass viele Sparer nicht bereit sind, mehrere Jahre oder sogar Jahrzehnte auf den Erfolg zu warten. Wie ich im letzten Kapitel offengelegt habe, wird es aus Sicht des Zinseszinseffekts erst richtig spannend, wenn man seinen Vermögensaufbau über 20 Jahre oder mehr geplant hat. Die meisten wollen schnell reich werden. Sie beginnen euphorisch mit der Geldanlage und stellen dann ernüchternd fest, dass nach drei oder fünf Jahren immer noch keine Millionen auf dem Konto sind. Eventuell befindet man sich sogar in der Verlustzone. Nicht wenige geben dann auf und verkaufen mit hohen Verlusten. Um erfolgreich zu sein, braucht man aber nichts anderes als Zeit und Geduld. Und abschließend beantworte ich die Frage noch einmal mit Ja. Ich hoffe, dass sich viele ein Beispiel an meinem Buch nehmen und eine ähnliche einfach aufgebaute Strategie für sich entwickeln.

2. Was ist mit all den anderen ETFs, die es am Markt gibt? Lohnt sich die Streuung über mehrere?

Streng genommen interessieren mich die unzähligen ETFs erst einmal wenig. Mir reicht ein ETF auf den MSCI World Index. Mehr Produkte bedeuten auch immer mehr Aufwand und mehr Kosten. Ich zahle bei zwei ETFs schon zweimal einen Ausgabenaufschlag und zweimal die TER. Zudem wird ein Rebalancing komplizierter und teurer, da ich mehrere Käufe oder Verkäufe tätigen muss, um das Verhältnis wieder herzustellen. Nicht zuletzt wird es auch schwieriger, das eigene Risikoverhältnis einzuschätzen. Steigt zum Beispiel ein ETF mit einer höheren Risikoklasse unabhängig vom Rest meines Portfolios stark an, so erhöht sich auch mein Gesamtrisiko. Ich müsste also hoffen, dass ich dies bemerke und entsprechend reagieren. Viele Privatanleger begehen auch den Fehler und kaufen sich mehrere Fonds oder ETFs einer Anlageklasse und denken, sie würde etwas für Ihre Diversifikation tun. Dies ist aber ein Trugschluss, wenn die ETFs oder Fonds die gleiche, beziehungsweise eine ähnliche Anlageklasse abdecken. Mehr als ein unübersichtliches Depot und hohe Kosten hat man nicht gewonnen. Daher erneut die Maxime: „Keep it simple". Für mich gibt es aber einen Fall, bei dem ich aus einem bestimmten Grund einen zusätzlichen ETF in meine Strategie aufnehmen kann. Auf diesen gehe ich bei der nächsten Frage ein.

3. **Ich erhoffe mir mehr Rendite mit meiner Strategie. Ist dies möglich?**

Ein Mehr an Rendite ist immer möglich. Allerdings steigt in diesem Zuge auch mein Risiko, dem muss ich mir bewusst sein. Wenn dies für mich akzeptabel ist, so ist eine plausible Erweiterung für meine Rendite-Anker ein ETF auf den MSCI Emerging Markets. In diesem werden knapp 850 Aktienwerte von Unternehmen aus wichtigen Schwellenländern abgebildet. Hierzu zählen insbesondere die

Volksrepublik China, Südkorea, Taiwan, Indien, aber auch zum Beispiel Brasilien oder Russland. Diese Länder sind nicht Teil des MSCI World, wodurch die Diversifikation bei der Erweiterung um diesen ETF zunimmt.

Die Theorie besagt, dass Unternehmen aus Schwellenländern ein deutlich größeres Wachstumspotenzial im Vergleich zu den Industrienationen haben. Es gab auch historisch gesehen immer wieder Zeiträume, in denen der MSCI Emerging Markets den MSCI World deutlich geschlagen hat. Er erzielte im Zeitraum von Dezember 2003 bis Dezember 2018 eine durchschnittliche Nettorendite von stolzen 8,65% jährlich. Jedoch sind die Schwankungen auch deutlich stärker als beim MSCI World. So verlor der Index 2018 beispielsweise fast 14,6% wogegen der Kursverlust beim MSCI World nur 8,7% betrug.

Wer dieses Risiko eingehen möchte, weil sein Anlagehorizont zum Beispiel bei 20 Jahren und mehr liegt oder er allgemein sehr offensiv eingestellt ist, der kann über eine Beimischung in Rendite-Anker in Höhe von 20% bis 30 % nachdenken. Zwar gibt es auch einen MSCI ACWI Index, welcher aus dem MSCI World Index mit beigemischten Aktienwerten aus Schwellenländern besteht und entsprechende passende ETFs auf diesen Index, aber der Anteil der Schwellenländer beträgt nur 10% der Gesamtgewichtung. Aus meiner Sicht ist dieser Anteil zu gering, um eine signifikante

Steigerung meiner Rendite zu erzielen. Daher mische ich die Schwellenländer als eigenen ETF zu.

4. Eignet sich deine Strategie auch grundsätzlich für die Altersvorsorge?

Eindeutig ja. Die persönliche Altersvorsorge sollte auf mehreren Säulen aufbauen. Eine davon ist die private Altersvorsorge. Da der Ruhestand je nach Alter noch mehrere Jahrzehnte in der Zukunft liegen kann, eignet sich meine Strategie zum Vermögensaufbau auch hervorragend für die Altersvorsorge. Ich profitiere vom langen Anlagehorizont und dem daraus resultierenden Zinseszinseffekt. Im Gegensatz zu Versicherungsprodukten habe ich deutlich geringere Kosten sowie häufig die besseren Renditechancen, bin aber auch selbst für Verwaltung und die Auszahlung meiner späteren Rente verantwortlich. Je nach persönlicher Situation kann ich sogar ein besseres Endergebnis erzielen, als bei staatlich geförderten Produkten, wie zum Beispiel der Riesterrente. Ob dies tatsächlich so ist, muss in jedem Einzelfall geprüft werden. Für die Zahlung der eigenen Rente eignet sich dann ein Entnahmeplan. Dieser wird bereits von vielen Banken angeboten.

5.   Was ist mit Immobilienfonds? Ein Freund sagt, sie sind sehr rentabel.

Meine Meinung zu geschlossenen Immobilienfonds habe ich bereits geäußert. Offene Immobilienfonds als ETF aufgelegt, können eine Ergänzung sein, sie sind eine eigene Anlageklasse und damit eine weitere Stufe zur Diversifikation. Die Renditen waren in den letzten Jahren solide und ich gehe davon aus, dass sie auch in Zukunft gute Performance zeigen werden. Dennoch sind sie nicht Bestandteil meiner Strategie. Ein Grund ist, dass sie zwar meine Diversifikation verbessern, sie aber nur eine einzelne Anlageklasse darstellen. Um keine Übergewichtung dieser Klasse zu riskieren, müsste ein entsprechender ETF in der Größenordnung von fünf bis zehn Prozent am Gesamtdepot beigemischt werden. Dies steht meiner Meinung nach in den meisten Fällen nicht im Verhältnis zur Sparrate und dem verbundenen Mehraufwand sowie den Kosten. Zum anderen zielen Immobilienfonds und -ETFs auf eine regelmäßige Ausschüttung der Gewinne ab. Sie sind daher für ein passives Einkommen durchaus attraktiv und damit für mich aber erst interessant, wenn ich ein gewisses Vermögen aufgebaut habe und von den Ausschüttungen idealerweise leben möchte.

106   Mein Geld geht arbeiten

6. Ich habe gehört man soll in Aktien mit hohen Dividenden investieren. Ist das die ideale Strategie für meinen Vermögensaufbau?

Nein, denn zunächst würde ich ein breit aufgestelltes Portfolio mit einer großen Diversifikation benötigen. Ich müsste in unzählige Unternehmen aller Branchen investieren und zudem nur jene auswählen, die eine hohe Dividende ausschütten. Ein enormer Aufwand und die verbundenen Orderkosten fressen meinen Sparbetrag regelrecht auf. Zwar ist es richtig, dass Dividenden ein passives Einkommen generieren und entsprechende Aktien oder auch ETFs mit Dividendenstrategie in dieser Hinsicht ideale Vermögenswerte sind. Aber wie in der vorherigen Frage bereits erläutert, ist mein Ziel der Vermögensaufbau. Der regelmäßige Geldfluss aus Dividenden ist für mich daher auch erst später bedeutend. Man darf auch nicht vergessen, dass auch im MSCI World Dividenden ausgeschüttet werden, nur dass ich diese bei meiner Strategie direkt wieder anlege und nicht als passives Einkommen annehme.

7. Was ist mit Rohstoffen oder Derivaten?

Beide Anlageklassen können zur Risikoreduzierung beitragen. Allerdings sind die Anlageklassen selbst zum Teil mit einem höheren Risiko verbunden. Rohstoffe sind beliebte Spekulationsobjekte, unterliegen zum Teil extremen Kursschwankungen und sind damit aus meiner Sicht nicht für eine einfache Strategie geeignet. Zudem habe ich persönlich moralische und ethische Bedenken bei bestimmten Rohstoffen, wie zum Beispiel Getreide oder anderen Lebensmitteln. Ich lasse daher Rohstoffe außen vor.

Derivate sind ein Obergriff für eine Vielzahl von Finanzprodukten. Dazu gehören unter anderem Optionsscheine, Hebelprodukte oder Futures. Diese Produkte sind sehr komplex, oft spekulativ und zum Teil mit einem enormen Risiko verbunden, was schnell in einem Totalverlust der Anlage enden kann. Für eine einfache Strategie zum Vermögensaufbau sind Derivate aus meiner Sicht nicht geeignet und daher gehe ich nicht näher auf diese Produkte ein.

8. Was ist mit Gold?

Gold wird oft als sicheres Investment gesehen. Viele Menschen glauben, dass Gold immer einen Wert haben wird, selbst wenn staatliche Währungen in Schieflage geraten. An dieser Denkweise ist durchaus etwas dran. Gold ist seit Jahrtausenden besonders für uns Menschen. Wir messen Gold einen hohen Wert bei und erkennen es daher auch unabhängig vom Geld als Zahlungsmittel an. Allerdings lohnt sich Gold für den Vermögensaufbau aus meiner Sicht nicht. Die Kursschwankungen sind viel zu stark und Gold ist und bleibt ein Spekulationsobjekt, wenn man darauf abzielt, mit steigenden Goldpreisen Gewinne zu machen.

Als Wertspeicher, also zum Vermögenserhalt, ist Gold dagegen sehr wohl geeignet. Wer bereits ein gewisses Vermögen besitzt, der kann auch meiner Meinung nach bis zu 10% davon in Gold anlegen. In diesem Buch und bei meiner Strategie geht es aber um den Vermögensaufbau. Gold ist für mich erst Thema am Ende des Anlagehorizonts, in frühstens 15 Jahren. Wenn es soweit ist, sollte man sich damit beschäftigen.

9. **Empfiehlt nicht jeder ETFs und ist deine Strategie nicht ähnlich zu anderen Anlagestrategie?**

Ich habe mich intensiv mit den Vermögens- und Anlagestrategien für den Privatanleger beschäftigt. Während meiner Odyssee habe ich viele Bücher und Blogs zum Thema eigenständige und unabhängige Vermögensstrategie gelesen und auch mit Experten (und solchen, die es gerne sein wollen) gesprochen. Leider war dabei aus meiner Sicht sehr viel schlecht Recherchiertes oder sogar populistisches Material darunter. Aber es gibt auch sehr gute Strategieansätze und die dazugehörige Fachliteratur. Ich kenne sowohl gute Bücher aus dem Bereich der Geldflussoptimierung als auch solche, die sich nur mit ETFs beschäftigen. Ich musste aber leider feststellen, dass oft nur ein bestimmter Aspekt oder ein Teilgebiet behandelt wird.

Ich habe das gesamte erworbene Wissen für mich bewertet, neue Ansätze und eigene Erkenntnisse einfließen lassen und daraus die für mich optimale Strategie für meinen Vermögensaufbau abgeleitet. Hierbei habe ich mich auf die wichtigen und entscheidenden Bestandteile konzentriert. Wie bereits geschrieben, heißt dies nicht, dass sie auf eine andere Person oder auf Sie, liebe Leserin oder Leser zugeschnitten ist. Sie sollten vielmehr das Wissen aus diesem Buch nutzen, sich zusätzliches Wissen aneignen und dann IHRE Vermögensstrategie ableiten.

Dass es eine Vielzahl ähnlicher Ansätze gibt, die in der Regel ebenfalls die Sparrate in einen sicheren Anlagebaustein und einen Renditebaustein aufteilen und als Renditebaustein oft einen ETF auf den MSCI World wählen, zeigt doch eindrucksvoll, dass diese Art der Anlage für einen Privat- und Kleinanleger die sinnvollste ist. Je mehr ich solche vergleichbaren Grundansätze finde, desto mehr fühle ich mich bestätigt, dass ich mit meiner eigenen Strategie den richtigen Weg gewählt habe. Und ich bin mir sicher, dass auch Ihre persönliche Vermögensstrategie schlussendlich auf einem vergleichbaren Ansatz aufbaut.

10. Deine Strategie beschäftigt sich ausschließlich mit dem Vermögensaufbau. Wie gehe ich später mit meinem aufgebauten Vermögen um, damit ich es erhalten und vielleicht sogar davon leben kann?

Da sich eine Strategie für eine Vermögensverwaltung und -erhaltung in einigen Punkten grundsätzlich von meiner Strategie für den Vermögensaufbau unterscheidet, gehe ich hierauf in diesem Buch nicht näher ein. Vielmehr möchte ich diese Strategie in einer Fortsetzung behandeln. Zum Teil wurden bestimmte Themenfelder schon angeschnitten. Im Kern geht es darum, den Eingangs-Geldfluss vollständig durch einen passiven Geldfluss in Form eines passiven Einkommens zu ersetzen. Dies ist jedoch deutlich komplexer, da mehr Anlageklassen und Abhängigkeiten berücksichtigt werden müssen. Aber darum brauchen Sie sich zunächst keine Gedanken zu machen, denn entsprechend Ihres gewählten Anlagehorizonts, haben Sie noch einige Zeit, bis dies für Sie von Bedeutung wird.

9 Schlusswort

Liebe Leserin, lieber Leser,

ich hoffe Sie haben die Lektüre mit Freude gelesen und konnten meinen Ausführungen folgen. Unabhängig davon, ob Sie mit meinem Buch komplettes Neuland betreten haben oder Sie sich bereits mehr oder weniger ausführlich mit dem Thema des eigenständigen Vermögensaufbaus beschäftigt haben, freue ich mich, dass Sie sich für finanzielle Bildung interessieren. Grundlegendes finanzielles Wissen ist leider kein Grundbaustein unseres Bildungssystems. Dabei trägt es meiner Meinung nach essenziell zu unserer Mündigkeit und Freiheit in unserer vom Geld geprägten Gesellschaft bei. Denn nur wenn ich weiß, wie ich unabhängig und selbstbestimmt meine Finanzen bilanzieren, mein Vermögen aufbauen und schlussendlich erhalten kann, bin ich finanziell frei.

Dabei geht es mir persönlich nicht darum großen Reichtum zu erwerben, sondern aus meiner finanziellen Situation, die für mich optimalen Entwicklungsmöglichkeiten abzuleiten. Es ist natürlich richtig, dass jemand, der jeden Monat einen positiven Geldfluss von 5.000 Euro verfügbar hat, ganz andere Potentiale entwickeln kann, als jemand mit

500 Euro oder 50 Euro. Doch gerade, wenn ich nicht über hohe Mittel verfüge, ist finanzielle Bildung essenziell für mich. Ich muss zusehen, dass ich mein verfügbares Geld kontinuierlich und hart für mich arbeiten lasse, damit es zur Verbesserung meiner Situation beiträgt. Ohne Bildung laufe ich Gefahr, mein Geld falsch anzulegen, hohe Kosten zu akzeptieren oder in zu riskante Produkte zu investieren. Auch weiß ich nicht, was Verbindlichkeiten für meinen Geldfluss bedeuten und ehe ich mich versehe, ist mein Geld selbst bei einem soliden Einkommen schneller aufgebraucht als ich meinen Kontostand prüfen kann. Und gerade dies trifft Menschen mit niedrigen Einkommen härter, als jemanden, der sowieso nicht weiß, was er sich als nächstes kaufen soll.

Nutzen Sie daher jede Gelegenheit Ihre finanzielle Bildung weiter auszubauen. Lesen Sie andere Bücher, Fachzeitschriften sowie gute Finanzblogs im Internet. Bleiben Sie stets interessiert und wissbegierig, aber auch immer kritisch.

Ich würde mich sehr über ein Feedback zu meinem Buch und meiner Strategie freuen. Ich bin offen für Lob, Kritik und Anregungen. Nutzen Sie hierzu gerne die im Impressum angegebene E-Mail-Adresse. Gerne dürfen Sie mein Buch auch bei Amazon rezensieren.

Als letztes bleibt mir dann noch zu sagen, dass auch die beste finanzielle Bildung nichts bringt, wenn ich sie nicht anwende. Daher entwickeln Sie jetzt Ihre Vermögensstrategie und setzen Sie diese auch um. Schicken Sie Ihr Geld zur Arbeit.

10 Quellen und Berechnungsgrundlagen

Alle hier angeführten Zahlenbeispiele und Kalkulationen sowie Renditeberechnungen beruhen auf eigenen Auswertungen und Berechnungen. Als Basis für die historischen Renditeberechnungen wurden jeweils die veröffentlichen Daten der Deutsches Bundesbank, des Statistischen Bundesamtes sowie die historischen Kursdaten des MSCI World und MSCI Emerging Markets verwendet. Bei der Berechnung der Mittelwerte wurde nach Möglichkeit mit dem geometrischen Mittelwert gearbeitet, um eine zuverlässige Aussage treffen zu können. Die Abschätzung der Kosten beruht auf persönlichen Erfahrungen sowie auf den Angaben der Anbieter. Als weitere Quelle wurde www.justetf.com für die Übersicht über den ETF-Markt und für die ETF-Kosten verwendet.

Die hier beschriebene Strategie beruht auf eigenem Wissen und Erfahrungen. Jede Ähnlichkeit zu einer anderen Anlagestrategie ist nicht beabsichtigt. Sollten dennoch Ähnlichkeiten vorhanden sein, so beruht dies alleinig darauf, dass die vorgestellten Anlageklassen und deren

Aufteilung auch aus Sicht anderer Autoren besonders gut für Kleinanleger geeignet sind. Hierdurch entstehen automatisch Synergien.

Obwohl alle Berechnungen mehrfach auf Richtigkeit geprüft wurden, kann es zu Berechnungs- oder Rundungsfehlern gekommen sein. Sollten dies der Fall sein, so freue ich mich über einen entsprechenden Hinweis. Sollte es sich dann herausstellen, dass tatsächlich ein Fehler vorliegt, so wird dieser mit der nächsten Auflage umgehend behoben.

11 Der Autor

Manuel Lankes, Jahrgang 1988, lebt mit seiner Frau und seinen Kindern in der kleinen Stadt Kaarst am Niederrhein.

Nach Abschluss seines Masterstudiums als Wirtschaftsingenieur, mit der Spezialisierung auf Lean Management an der Fachhochschule Aachen, arbeitet er als Lean Production Manager für führende mittelständische Unternehmen.

Da der Autor schon immer eine gewisse Affinität zu Zahlen hatte und er beruflich mit der kontinuierlichen Verbesserung von Unternehmensprozessen betraut ist, war es für ihn selbstverständlich, sich auch selbstständig mit dem eignen Vermögensaufbau zu beschäftigen.

Schnell merkte er, dass die von ihm entwickelte Vermögensstrategie auf großes Interesse bei seinen Freunden und Bekannten stieß. So entschloss er sich, diese Strategie in seinem ersten Buch *„Mein Geld geht arbeiten"* zu beschreiben, um sein Wissen mit möglichst Vielen zu teilen.

12 Impressum

Autor

Manuel Lankes
Bismarckstrasse 60
41564 Kaarst

Kontaktadresse: meingeldgehtarbeiten@gmx.de

Verlag Selbstverlag
Umschlagsgestaltung: Manuel Lankes
Druck und Bindung: Amazon Media EU S.à r.l.,
5 Rue Plaetis, L-2338, Luxembourg
ISBN: 9781090430915

1. Auflage 2019

Copyright © 2019 Manuel Lankes

Das Werk, einschließlich seiner Teile, ist urheberrechtlich geschützt. Jede Verwertung außerhalb der engen Grenzen des Urheberrechtsgesetzes ist ohne Zustimmung des Autors unzulässig. Dies gilt insbesondere für die elektronische oder sonstige Vervielfältigung, Übersetzung, Verbreitung und öffentliche Zugänglichmachung.

Printed in Poland
by Amazon Fulfillment
Poland Sp. z o.o., Wrocław